大工がみたニッポン

日本に選挙は、もういらない？？

中国人になりたがる日本人

神山　均

青山ライフ出版

もくじ

3 徴収リスト ……31

1
はじめに自己紹介
Who I am and What I do

大工さんはイロイロ？

ネットで調べなくても「大工さん」という言葉からまず思い浮かぶのは「家を造ることのできる人」ではないでしょうか？

仕事の内容はというと、木材を必要な寸法にノコギリで「ギーコ、ギーコ」と切り、金槌《かなづち》で釘を「トントントン、トントントン」と叩く。

木の表面を「スースー」とカンナで削《けず》り、ノミを利用して複雑な継ぎ手を作り、ボルトなどの金具を上手く組み合わせて木材と木材を繋《つな》ぎ、梁や柱などを組み立て、屋根を仕上げる、というイメージまで思い浮かぶ方がいるかもしれません。

テレビで大工さんの仕事内容を紹介している番組を見たことがあり、カンナの削り方や、ノミで細工をする難しさを話題にしていました。

今、説明したイメージの大工を「木造大工」と僕は呼んでいます。

僕は型枠《かたわく》大工です。

業界以外の方にとって「型枠大工」という職業は、なじみがないかもしれません。

大工という名前があるので金槌《かなづち》やノコギリは必需品ですが、僕はカンナもノミも持っていません。

どうして持っていないのかというと、型枠大工ではそれらの道具は普段使わないからです。

それでも建物を造る仕事をしています。

ある日、大学の建築学科を卒業した人達を採用している、建築会社の特集を組んでいるテレビ番組を見ました。

もちろん探せばいるでしょうが、僕自身は型枠大工で大卒の方を見たことも聞いたこともありません。

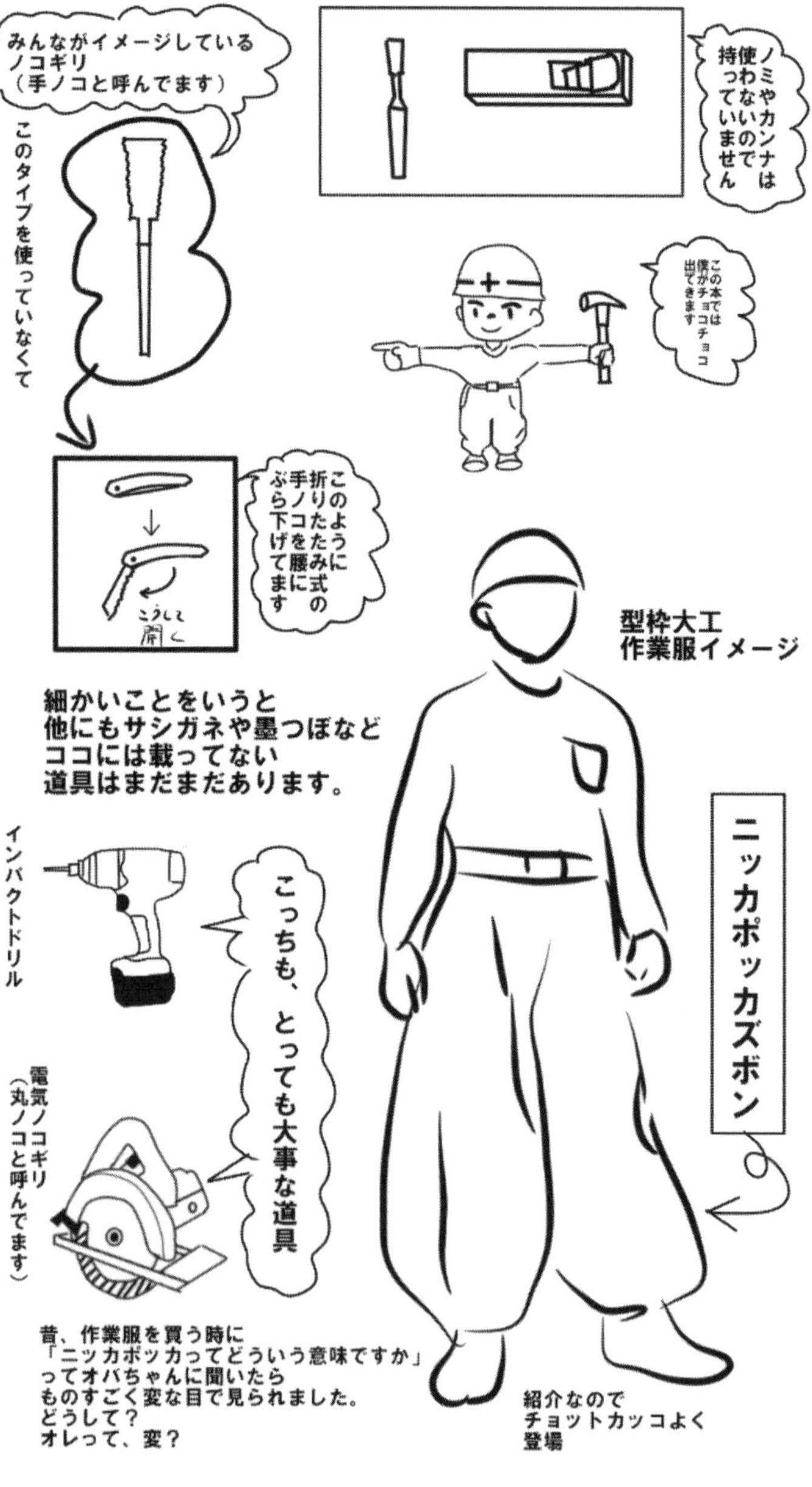
みんながイメージしているノコギリ（手ノコと呼んでます）
このタイプを使っていなくて
このように折りたたみ式の手ノコを腰にぶら下げてます
こうして開く
ノミやカンナは使わないので持っていません
この本では僕がチョコチョコ出てきます
型枠大工作業服イメージ
細かいことをいうと他にもサシガネや墨つぼなどココには載ってない道具はまだまだあります。
インパクトドリル
電気ノコギリ（丸ノコと呼んでます）
こっちも、とっても大事な道具
ニッカポッカズボン
昔、作業服を買う時に「ニッカポッカってどういう意味ですか」ってオバちゃんに聞いたらものすごく変な目で見られました。どうして？オレって、変？
紹介なのでチョットカッコよく登場

もし大卒で型枠大工になった人がいると「大学を卒業して、どうして型枠大工になったんだ」と周りから嫌味《いやみ》を言われるか、建築学科卒業だと少し間違えただけで「建築を専門に勉強して大学まで通って、これだけの仕事しかできないのか」と、先輩から怒鳴られるかもしれません。

僕は高卒ですが、働いている仲間の中には中卒の先輩も後輩もいます。
言葉遣いが悪いのは普通で、子供のようなケンカも、たまに起きます。
もう、これ以上の説明の必要はないと思いますが、このような人達の集まりの中で仕事をして生活しています。

このような環境にいる僕でも、世の中に起こっていることを考える時があります。

日本は世界でも優秀な人だらけ？

ネットをみていると「世界の大卒比率、国際比較」という特集があり、そこには二五歳から六四歳人口における大学相当レベルの教育課程修了者の割合で、日本は二〇一七年に人口の五一パーセント以上の方が大卒相当レベルという内容が書かれていました。
簡単に言うと二五歳から六四歳に当てはまる人達の二人に一人は、大卒レベルということになります。

よく「石を投げれば何々に当たる」という表現を使うことがありますが「石を投げれば大卒に当たる」と言っても決して大げさでないくらい、周りは大卒レベルだらけの国に住んでいます。

そして残りの四九パーセントの中に高卒、中卒、あるいは家庭の複雑な事情でなったそれ以外の人達がいるようで、いつの間にか僕のような高卒は、とても珍しい部類に入るという事実を知ると、本当に驚きます。

２５歳から６４歳の人口で

大卒レベルが半分以上!!

世界で3番目に大卒レベルが多い国?

ナゼか学歴をアピールする芸能人？

家族で夕飯を食べながらテレビを見ていると、どこそこの有名大学出身である、と紹介して番組を盛り上げるクイズ番組が、ずいぶん増えました。

番組内では難しそうな問題を出し、知識を競わせ、有名な大学を卒業していればこのような問題でも解けるのだよ、と、テレビに出ている芸能人が学歴を暗にアピールしているのがわかります。

日常生活では「あの会社は有名大学出身じゃないと採用しない」とか「三流大学出身だから、どうせ出世できない」などという言葉を耳にすることがあります。

高卒である僕の目線から言うと、一流と三流の違いはわからず「大卒」という肩書だけで「高い教育を受けた人達」というのが正直な感想です。

もちろん大学によって試験問題の難しさの差はある、と想像できるけれど、それでも合格するために勉強しただろうし、たとえ推薦入学であれ、合格基準に見合うだけの成績がないと合格できないはずです。

それでも世間で言うように一流と三流の違いがあり、その言葉をまともに受け取るならば「一流と言われる大学を卒業した人達というのは、とてつもなく高い教育を受けたものすごい秀才や天才の集まり」で「世の中のどこへ行ってもその才能を発揮して、裕福な暮らしができる集団」というイメージが湧いてきます。

「日本は世界で三番目に大卒が多い国」らしく、それを言い換えると「世界で三番目に優秀な人達に囲まれた国」という言い方もできそうな気がします。

ところが現実の生活は、とても優秀な国とは思えない事柄がたくさんあります。

次の章からは、僕が僕なりに「どうしてだろう」と不思議に思えることや、「こうじゃないの」と感じたことを書いてみました。

2
選挙の価値

The Value of Election

日本の選挙って、ムダ？

「選挙って、本当に必要でしょうか？」

このような質問をする国民が増えたら国はおしまいだ、とお叱りを受けそうです。

選挙なしで特定の集団に国を任せると、そこから独裁者が生まれ、独裁者は国を自分の好き勝手に動かし、国民を戦争へと導き、やがて国は滅びていくだろう、と、歴史を少しでも習うと、何となく想像することができます。

総務省のウエブサイトに平成二九年度一〇月に行われた衆議院選挙の投票が、およそ五四パーセントという数字がのっています。

これは国民の半分近くが選挙に行っていないということを表していて、この数字から考えても「選挙って本当に必要なの？」と感じている人は、意外にたくさんいるのではないか、と、僕は思ってしまうのです。

選挙へ行く理由とは？

僕は長い間、選挙へ行っていませんでした。

今、五〇代の僕にとって、小学校から高校までの一二年間という長い間、学校へ通っている間に選挙について深く教わった覚えがないので、高校を卒業してしばらくは身につきませんでした。

親からも全く教わらず、周りの友人とも話したことが一度もなかったので、高校を卒業して世の中に放り出され、生きていくために毎日のように必死に働いてお金を得て、税金を払う必要さは身についても、選挙に行く大切さなんて身につきませんでした。

ある意味「選挙なんてどうでも良いもの」という感覚しかありませんでした。

こうして過ごしてきた僕に行かなかった理由なんて必要ないと思いますが、それでもあえて言うなら「せっかくの休日に選挙に行くのが面倒臭い」という気持ちもあったけれど「選挙に行っても国に変化がないので、投票へ行く価値がないと感じていたのかな」と、その当時を今から振り返ると思います。

僕が投票しても、ナニも変わらない。

僕が投票に行くことによって給料は現状のままでも税金は減るか、あるいは税金が増えても、増えた割合の分だけ給料が増えると気持ちも変わるかもしれませんが、そんなことはありません。

税金は、決まったように毎年のように上がり、一方の給料はそのままなので、結果的に暮らしは楽になりません。

特にバブルが弾けた後は、目に見えるように税金は上がり給料は下がるので、毎日の生活がきびしく感じました。

さらに不思議なことには、どんなに税金が上がって生活が苦しくても、いつも同じ政党が日本という国を動かしています。

パソコンだと「コピー　アンド　ペイスト」をずっと繰り返しているのと同じです。

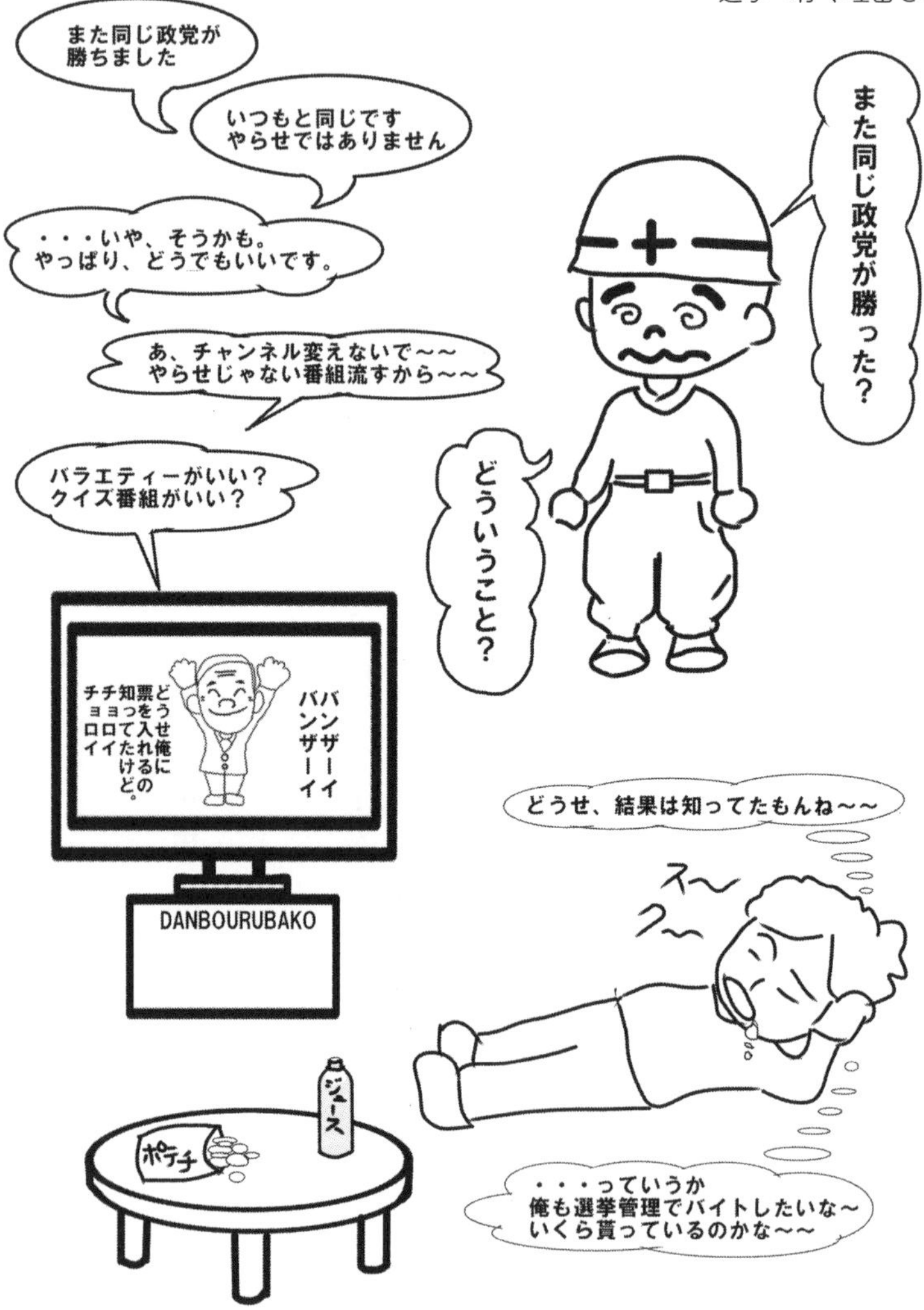
また同じ政党が勝ちました
いつもと同じです やらせではありません
・・・いや、そうかも。やっぱり、どうでもいいです。
あ、チャンネル変えないで～～ やらせじゃない番組流すから～～
バラエティーがいい？ クイズ番組がいい？
バンザーイ バンザーイ
どうせ俺に票を入れるの知ってたけど。チョロイ チョロイ
DANBOURUBAKO
また同じ政党が勝った？
どういうこと？
どうせ、結果は知ってたもんね～～
ス～ ク～
・・・っていうか 俺も選挙管理でバイトしたいな～ いくら貰っているのかな～～
ポテチ
ジュース

選挙の日

いつもの光景

by 日本一当たらない占い師でも当たる日

選挙の価値とは？

その道に詳しい鑑定家《かんていか》が物に値段をつける、という番組があります。

出品者は、家にある物が「お宝」かもしれないという期待を込めて、それぞれ専門の鑑定家に依頼します。

不安と期待が混ざった気持ちで鑑定を依頼した「モノ」へ高い値段がつく瞬間に、出品者の態度が大きく変わり、全身で喜んでいるのがわかります。

「価値観」というのは人それぞれだと思いますが、「価値がある」とわかれば、安っぽい扱いをしていた物に対して、掌《てのひら》を返したように大切に扱うような行動を取るのは、誰でも同じだと思います。

僕自身を振り返って選挙へ行かなかった当時のことを今から思い返すと、投票という価値をわかっていなかったので行かなかったのだろう、と感じます。

それでは、選挙で投票する価値って何でしょうか？

疲れた身体を休める大切な休日の時間を潰《つぶ》してまで行く「選挙」の価値って、何でしょうか？

日本は、借金だらけ？

選挙シーズンになると「選挙へ行きましょう」という言葉を、テレビやラジオから何度も流れるのをよく耳にします。

「日本は借金大国だ」という言葉も、同じように選挙が近づくと報道されます。

税金をムダなことに使ってばかりいるから借金が増えるのだ、と報道されます。

借金を減らすために、税金を上げる必要がある。

でもその税金を上げるのは、税金をムダ遣いしているので借金が増え、借金を返すために、さらに税金を上げなければいけない。

普通に暮らしていて「借金を返すために、さらに借金を重ねる」というのは金銭感覚がない連中がやることで、このような人達は世間で脱落者のような扱いで見られます。

こうして考えると、金銭感覚がない脱落者のような行動をする人達によって、今の日本は動かされている、と言っても間違いではありません。

その政治家を選んだ国民が悪い？

僕の友人で「政治家に文句を言う人がいるけれど、その人達を選んだのは国民だ。だから文句を言われる政治家が悪いのではなく、その人達を選んだ国民が悪い」と言う人がいました。

確かにその通りで、この理屈から考えると、ムダなことに税金を使う政治家は投票で選ばれているので、その政治家を選んだ人達が借金を作っている、ということも言えます。

選挙へ行かなければ政治を語る資格がない、という言葉を聞いたことがあります。けれども選挙へ行く人達によって政治家が選ばれ、借金だらけになっています。

こうして考えると、実は僕のように選挙に行かなかった人ばかりでなく、行っていた人達も「選挙の価値」を本当はよくわかっていないのかもしれない、と思うようになりました。

選挙の価値がわかれば、自然に「無謀な政治家」を選ばなくなり「政治家を選んだ国民が悪い」なんて、責任転嫁させない雰囲気が生まれてくるかもしれません。

次の章からは国の借金に関することと、選挙のことについて僕の目線で話を進めたいと思います。

まいにち、バラ色
まいにち、バラ色
さ～みんなで、一緒に！
まいにち、バラ色
まいにち、バラ色
は――よいよい
は――よいよい
ゼイキン～って
とってもカンタンに、上げていいんだよ～～
どうせ、俺たちにしか～～
投票出来ないから、ね――――
俺達、困らないから、ね――（リピート）
リイコーの国民が
俺達を、もうけさせるぅ～～
もうけさせるぅ～～
自己採点
９８点
カラオケタイトル
「困ったら、いつでも消費税を上げられる」歌
タイトル、なが！！
政治家
公務員購入備品カラオケセット
カラオケステージ
しっかり支えるように！！
６０代 ｘｘ政党 投票者
６０代 ｘｘ政党 投票者
５０代 ｘｘ政党 投票者
４０代 ｘｘ政党 投票者
３０代 ｘｘ政党 投票者
２０代 ｘｘ政党 投票者
破産する前に
あの世に
行けそうで
どうにか
間に合ったわい
７０代以上
ｘｘ政党
投票者
確かに、今の日本は
こんな感じだけど……
これってナニか
間違ってないか!?

3
徴収リスト

Lists of How Japanese Government
taking Money from People

徴収とは？

この本は政治や経済などの専門家によって書かれた本じゃないので、普段から使っている言葉で表現したいと思います。

たとえば国がお金を集める仕組みとして税金があり、そのお金を集めることを「徴収」という言葉で表現するようですが、そのような堅苦しい言葉は「国が国民からお金を取る」あるいは「国民が国へお金を払う」などで表現します。

また「あれは地方税」「これは国税」などと考えながら普段生活しているわけではないので、基本的に全てを国税扱い、つまり「国から取られているお金」とします。

ちなみに「徴収」の意味を調べてみると「法律に基づいて、国や団体などが、税金、手数料、会費などを取り立てること」とありました。

僕が高校を卒業するまでの間に「選挙の大切さ」をじっくり教わった覚えがないように「税金」のこともじっくり教わった覚えがありません。

高校を卒業して働き、給料日に受け取った給料が約束した金額より少なかった時に、給料明細書を見ると「税金」という項目のせいで、僕の意思とは関係なく勝手に引かれていて「税金というのは、何となく、いつの間にか取られてしまうムダなお金」というイメージを持ちました。

こうやって過ごしてきた僕が、いざ税金のことを考えようとした時に、最初に頭に浮かんだのが「消費税」です。

実は、思っている以上に高い消費税？

僕がコンビニで買い物する時は、欲しいものをテキトーにカゴに入れる、というよりは、財布の中にあるお金を気にしながら商品を選びます。

商品を入れたカゴを持ってレジに行き、会計の時に予想とは違う高い数字を言われ、思わず「計算が間違っていませんか」と言ってしまったことがありました。

店員さんから受け取ったレシートの内容を見ると、買った商品は確かに僕自身が選んだ商品で、金額の内容も間違いありませんでした。

昔はスーパーなどで買い物すると、店員さんが商品の値段を、レジへ手で金額を打ち込んでいたので間違いも確かにありましたが、今ではバーコードを「ピッピッ」とスキャンしているので値段を間違えるはずがない、と、少し考えるとわかるはずなのに、頭の中で予想していた金額と違っていたので、思わず声に出していました。

レシートを確認すると、高いと思ったその金額は三〇円程度で、計算が合わなかった原因は消費税なのだと知り、僕の思い違いで言ってしまったことが恥ずかしくなると同時に、いまだに消費税の金額の高さに驚くことがあります。

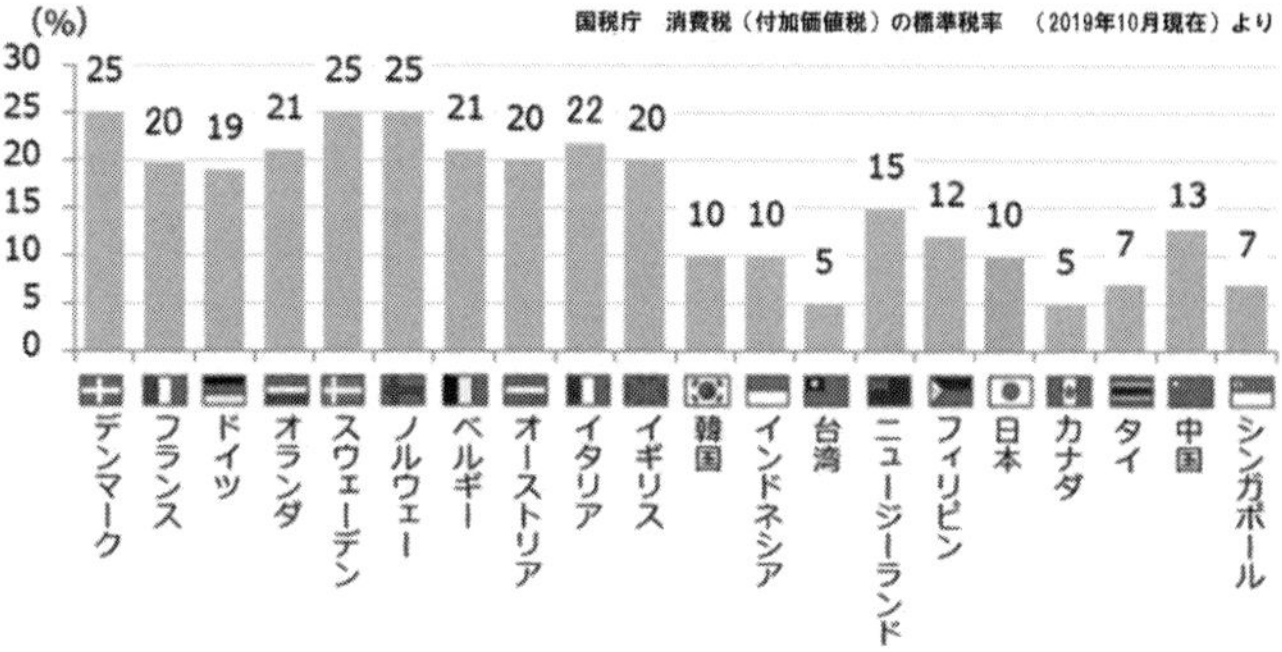

国税庁　消費税（付加価値税）の標準税率　（2019年10月現在）より

僕が二〇代の頃に消費税が最初に導入され、その当時は税を決めた政党と、それを支持した人達以外、国民の全員が反対をしていたのではないかと思うほど、ものすごいバッシングが起こっていたのを覚えています。

税金は高くて当たり前？

「外国は消費税が当たり前で、外国の消費税は日本よりもっと高い」

これは消費税に対する風当たりが強くなると政治家がよく使う言葉です。

国税庁のウエブサイトに二〇一九年一〇月時点の「税の国際比較」という各国の消費税割合を表しているデータが

あり、日本はヨーロッパの国々から比べると、確かに半分くらいの割合しかありません。

この表を国の正式なウエブサイトに載《の》せているのは「国民のみなさん、日本は外国に比べると、税金が安いんだよ」

「だから、もっともっと税金を上げても、他の国と比べると上がったのではなく、ごく普通なのだよ」というアピールをしているのだとわかります。

国税庁のウエブサイトには「国税収入の累年比較」というデータがあり、そこに消費税、所得税、酒税、たばこ税など、生活で気になる税金の数字が載っています。

あるラジオ番組を聞いていると「ＮＨＫは国民から、毎月五〇〇億円お金を引き落としている」と言っていました。

その言い方をマネすると、平成三〇年度の消費税は一七兆八二三〇億円なので、月割にすると、国は国民から毎月およそ一兆四八五三億円お金を引き落としています。

酒税は、年間一兆三一一〇億円ものお金を国民は払っています。

こうして酒税と消費税を比べてみると、国は「消費税」というお金を集める方法を導入したおかげで、酒税だと一二ヵ月かけないと集めきれないお金を、たった一ヵ月で国民から集めることのできる便利な集金システムを取り入れたのだ、と気づきます。

他に目を向けると、同じ年度の所得税は一九兆四七五〇億円、僕自身はタバコを吸わないけれど仲間の多くが吸っている「たばこ税」は八七四〇億円、生活にかかせない車に関係する自動車重量税が三九五〇億円、その車を動かすために必要な揮発油税と言われるガソリン税が、二兆三三〇〇億円とあります。

アメリカと日本の大きな違い？

僕には日本語を上手に話せるアメリカ人の友人がいます。

ここでは普段使い慣れている「アメリカ」という言葉でアメリカ合衆国を表します。

アメリカでは車検がないそうです。

この話を聞いた後で僕はネット検索し、ニューヨーク州の一部などに車検があるらしいことを友人に伝えると、目を大きくして驚いたので、彼の表情から、アメリカで車検はかなり珍しい制度だと感じました。

日本では車を持つと、必要以上にお金がかかり生活に余裕がなくなるので、損をする、というイメージがあります。

毎年払わなくてはいけない税金もそうだけれど、二年に一度やってくる車検もさらに大きな出費で、この時期が近づくとものすごく嫌な気分になってしまいます。

「もし車検がなかったら……車検代を払うお金を生活費に回せたら……その分だけ贅沢に生活できるはずなのに」などという考えが、車検の時期になるといつも頭に浮かびます。

友人との会話をきっかけにネットで調べると、世界では車検のない国が当たり前で、逆に日本は異常なのだと知り、とてもガッカリした気分になりました。

僕にとって車検は「定期的に車が安全に動くか検査をする」つまり「メンテ」というイメージをずっと持っていました。

車検は「自動車検査登録制度」というのが正式名称らしく、国交省ウエブサイト「車社会と検査登録制度」に車検をする理由が次のように書かれています。

「自動車を検査し登録することにより、自動車の安全確保・公害防止が図られるとともに、個々の自動車の識別が可能となり、所有及び使用の実態が制度的に把握されます。検査・登録を受けることによって、自動車は初めて社会的に認知された乗物となるのです。自動車検査登録制度は、巨大化していく車社会の秩序を支えています」

これが国の正式な説明のようです。

国は国産車を、本当はバカにしている？

ところで車というのは勝手に動いて、勝手に事故を起こすのでしょうか。

僕が眠っている間にロボットのように自分勝手に動き、街中を走り回って、あちこちぶつかって事故を起こすわけでもありません。

つまり事故は車自体が起こすわけではなく、運転している人が起こすものです。


テレビを見ていると毎日のように交通事故のニュースが流れますが、事故の原因として「よそ見運転」「居眠り運転」「酔っ払い運転」「ブレーキとアクセルを踏み間違えた」という説明を見ている限り、今の世の中の交通事故のほとんどは車自体が原因ではなく、運転手が原因だとわかります。

二〇年以上も安い中古車だけを買い、それでも不便なく利用して思うのが、今の時代の日本車って、そんなに信用できないのだろうか、ということです。

日本製って品質が良く、だから海外でも人気がある、と思い込んでいました。

「日本車を買う時は、二年に一度、必ず車検を受けるようにして下さい」

「運転が上手かろうが下手だろうが、日本の技術者を絶対に信用してはいけません」

「日本車は、車検を受けなければ勝手に事故ばかり起こしてとても危なく、環境にも悪いですよ」

「定期的に車検を受けないと、身の安全と環境は保障はしませんよ」などと宣伝しながら外国に売っていない、と思うからです。

車検の説明には「検査・登録を受けることによって」と書かれていますが、登録というのは、最初に一度やれば済む話です。

あるいは、もっと簡単に、安い費用でできるはずです。

二年に一回、大金を払って、何度も何度も登録をしなければいけないなんて、普段から働いている国民を休ませずにタダ忙しくしているだけで、このようなムダなシステムを役所で働いている大卒の賢い人達が考え、いまだに気づいていないとは、とても信じられません。

「公害防止」という理由もありますが、そもそも公害について話をすると、車を動かすこと自体が公害のはずです。

少なく公害を出すか、あるいは、多く公害を出すか、なんて話は、道端で放置している犬のウンコは「大きいより小さい方がいい」なんて言っているようで、どっちも大きな問題だと思います。

本気で公害防止をしたいのであれば、国民から取ったたくさんのお金を使って、二酸化炭素量を全く出さない車を開発すれば良いだけの話のはずです。

つまり公害防止について国交省がやるべき仕事の一つは、公害問題を解決するためのエンジン開発などを含めた研究のためにお金を集めているはずなのに、その成果を聞いたことさえなく、結局は「国民からお金を取るためだけ」に「公害防止」などの色々な言い訳を使って車検を受けさせているのだ、という考えが浮かんでしまいます。

アメリカと日本の運転免許制度の違いは、費用だけ？

「日米同盟」と言って、アメリカと日本はかなり親しい間柄という印象があり、お互いのことをよく知っている印象がありましたが、友人と話していると、身近なつもりのアメリカなのに知らないことが案外多いのだ、と改めて思い知らされました。

車関連の話の流れでアメリカの友人から聞いてさらに驚いたのは、彼の地元では高校の授業の一環として車の運転方法を教わる、と聞いたことです。

その授業のために学校へ特別追加料金を払う必要は全くなく、国語や数学などと同じごく普通の授業のひとコマとして、運転方法を学校で教わったようです。

日本では運転免許を取る前に、当たり前のように自動車教習所へ通います。

教習料金は授業方法や地域によって金額の幅がありますが、僕の地元では、教習所へ通い仮免許を取得し、本免許を免許取得するまでにかかる費用の総額は、全て一発で合格する条件でおよそ四〇万円準備しておく、というのが相場です。

アメリカでは、日本と同じ全くの初心者から学校で教わり、本免許を取るまでの全てを含めた費用は、約一万円程度で取得できるそうです。

日本はアメリカの四〇倍以上、お金を用意する必要があります。

日本人は、全員、大金持ち？

友人がアメリカへ帰った時に、日本の車事情について話題になり、それについて地元の友人から「日本では金持ちしか車を持てないの？」と質問されたそうです。

長く日本に住んでいる僕の友人は、もちろん、否定しました。

僕も、そして僕の周りを見ても、お金がたくさんあり過ぎて余裕で暮らしているような雰囲気の方はいなくて、逆に毎日、一生懸命働いている割には狭いアパートの中で、ギリギリで生活している雰囲気の方しか見当たりません。

免許取得だけで四〇万円というと、一ヵ月間、一生懸命汗をかきながら釘を叩いて得た僕の月収以上の金額になります。

つまりこの金額は大人の僕にとっても、僕の周りで働いている多くの人にとっても、決して安い金額ではありません。

一方のアメリカでは、大きくなった子供のお小遣い、あるいは子供が少しアルバイトした程度の給料で免許が取れます。

車の免許取るのに授業料が
40万円！！
ジャパニーズジョークですか？
アメリカでは
１万円で
ジュウブンよ。
子供のこづかいダヨ
daremo
monkuwo
iimasen
tottemo
kurushii
desu
あ～ゆ～
くれいじ～～？
NIPPON
JIN
USA
why？
doushite daremo fushigini
omowanai !?
tottemo nazo desu
jiko okoshitemo
kankei arimasen
事故は事故を起こした人の責任です。四十倍高い授業料でも教えた人の責任ではありません。ブップー
色んな意味でおかげさまでもうかってマス－！！
チャリ～～ン
教習所用
Kyoukaiwa tottomo moukatte imasu
banzai banzai banzai

この話を聞いた時、どれだけ自分自身が無知で世間知らずだったのか気づくと同時に、真面目に高いお金を払っている日本国民は、上手く誘導されているのだと感じてしまいました。

このような話題を出すと、今のような反論が聞こえてきそうです。

「日本がアメリカのように教習所へ通わず、高校の授業のひとコマとして車の運転を教わったら、事故が増えるだろう」

年間交通事故死者数をネットで検索すると、二〇一八年度には三五三二人の方が命を落としたようです。

この数字を三六五日で割ると、一日におよそ一〇人近くの方が大切な尊い命を亡くなっている計算になります。

どこで運転を教わろうが事故は運転している人が気を付けるべきであり、授業料が高ければ事故は絶対に起きないのではなく、授業料が高い安いにかかわらず、運転する人が安全に配慮して運転しなければ事故は起きます。

アメリカと比べて高額な授業料を払うことによって、日本国民全員がプロのドライビングテクニックをマスターしているわけでもなく、あるいは事故を起こしたらペナルティーとして担当した教習所の先生の給料を下げる、と聞いたことさえありません。

結局、授業料が安かろうが高かろうが、自己責任で運転することになっています。

日本人の平均給与がアメリカ人よりとても高いわけでもないのに、免許を取得するための金額は、常識を超えて、恐ろしいほど、ただただ、異常に高い。

日米の違いを聞いた僕には、ただそれだけしか思い浮かびません。

免許更新ってナニ？

日本には免許更新という制度が、当たり前のようにあります。

免許更新時には、講習を受けます。
授業を受けるので会場と講師が必要です。
受付がいます。
写真を撮る人がいます。

このように免許更新時に関わっている設備や人達の費用の全てを、受講者が負担するので、ここでも国民側の生活費が圧迫されているシステムがあります。
免許更新は、新しい交通ルールを学ぶためと、事故を未然に防ぐために講習をするものだ、という声が聞こえそうで、確かにその通りだと思います。

ところで、税金から給料を得て、国民に対して模範《もはん》になるべき政治家や公務員が事件や不祥事を犯したので、襟《えり》を正すために自分達で費用を出し合い、講師を呼び、自己負担で全員講習を受けた、なんてニュースを、一度も聞いたことがありません。

税金を払っている側の一部が事故を起こし、それを全体責任のような仕組みを作ってお金を取る制度を設けている一方で、それを受け取る側は事故や不祥事を起こしても個々の責任として扱い、全体教育をしないルールは、ずいぶんと曲がった解釈のような気がします。

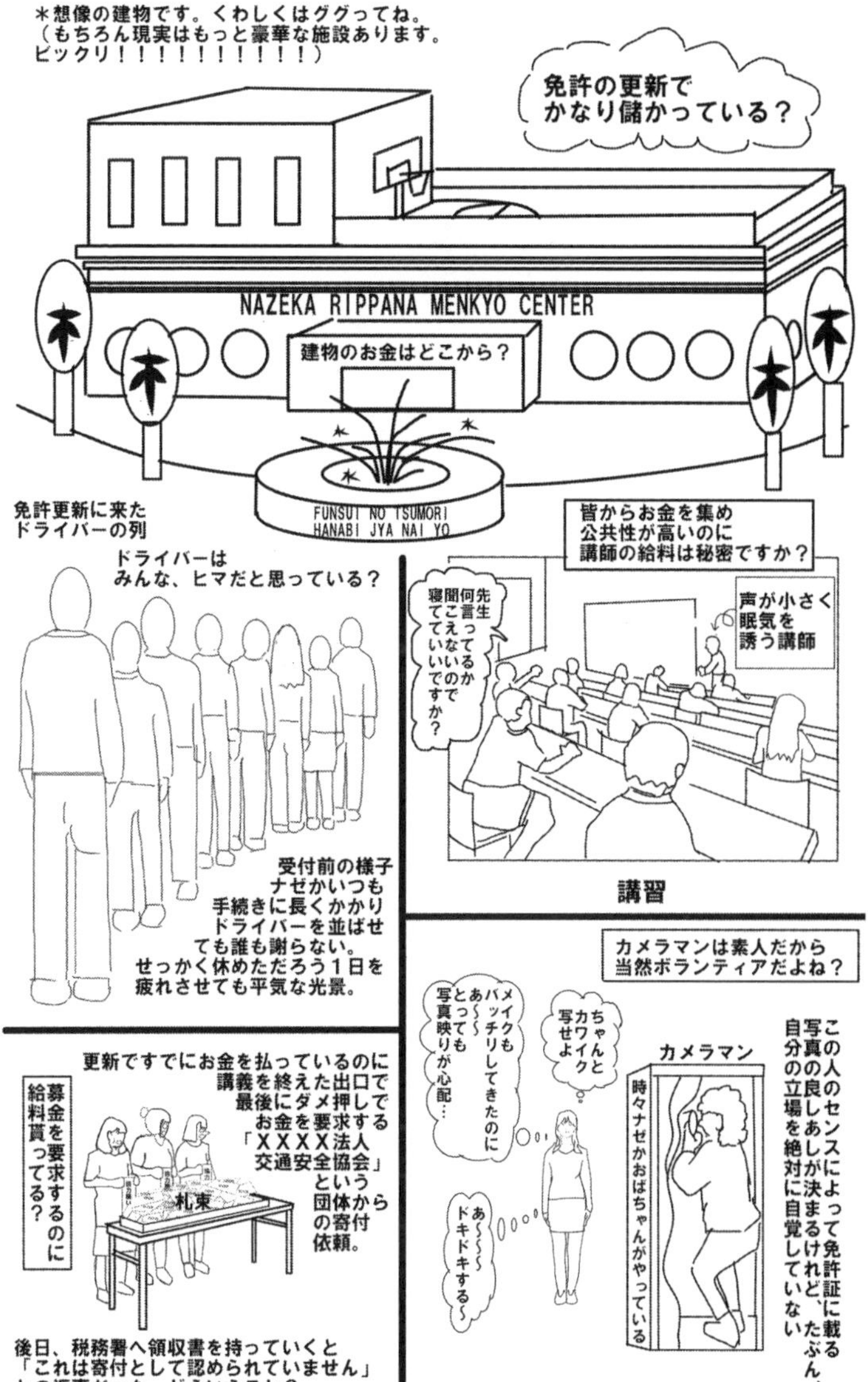
＊想像の建物です。くわしくはグゲってね。
（もちろん現実はもっと豪華な施設あります。
ビックリ！！！！！！！！！！！！）
免許の更新で
かなり儲かっている？
NAZEKA RIPPANA MENKYO CENTER
建物のお金はどこから？
FUNSUI NO TSUMORI
HANABI JYA NAI YO
免許更新に来た
ドライバーの列
ドライバーは
みんな、ヒマだと思っている？
受付前の様子
ナゼかいつも
手続きに長くかかり
ドライバーを並ばせ
ても誰も謝らない。
せっかく休めただろう１日を
疲れさせても平気な光景。
皆からお金を集め
公共性が高いのに
講師の給料は秘密ですか？
先生
何言ってるか
聞こえないので
寝ていていいですか？
声が小さく
眠気を
誘う講師
講習
カメラマンは素人だから
当然ボランティアだよね？
この人のセンスによって免許証に載る
写真の良しあしが決まるけれど、たぶん、
自分の立場を絶対に自覚していない
カメラマン
時々ナゼかおばちゃんがやっている
ちゃんと
カワイク
写せよ
メイクも
バッチリしてきたのに
あ〜〜
とっても
写真映りが心配…
あ〜〜〜
ドキドキする〜
更新ですでにお金を払っているのに
講義を終えた出口で
最後にダメ押しで
お金を要求する
「ＸＸＸＸ法人
交通安全協会」
という
団体から
の寄付
依頼。
募金を要求するのに
給料貰ってる？
札束
後日、税務署へ領収書を持っていくと
「これは寄付として認められていません」
との返事だった。どういうこと？

事故を起こさず、真面目に暮らして車検さえ受けている国民にとっては、生活を苦しくするだけの制度にしか考えられません。

二年に一度の高額な車検制度を続けるのであれば、そこから予算を取り、交通ルールが変わった時の必要な免許更新は無料にできるようにすれば良く、不祥事を起こした違反者だけからお金を取る仕組みを作ればいいだけだ、と思うのです。

都会と地方のお金（予算）の差？

地方に住んでいる僕も、若い頃は六年間ほど東京の新宿あたりに住んでいました。

東京は華やかで人が多くて活気があり、移動手段である電車の交通網がとても発達していて、僕自身は車を持たなくても、仕事や生活に全く困りませんでした。

それに比べ地方は車が唯一の移動手段であり、これは決して大げさでなく、生活のために車はどうしても必要になります。

ところで、都会に比べて明らかに不便な地方に住んでいても、都会と全く同じ条件で国税を払っています。

その税金のおかげで国会議員や国家公務員は給料を受け取り、東京にあるそれぞれの職場（役所）で働いています。

民間企業は国の役所に近い場所に会社や事務所を開く傾向があるので、自然に色々な業種が東京へ集まります。

東京に会社や事務所を登録している業種は、東京区域内だけで得た収入で儲かっているわけでなく、東京以外に販路を設け、そこから得た利益で成り立っている業種もたくさんあります。

それらの事業者は収入の一部を、地方税として東京へ払わなくてはいけません。

つまり、お金を受け取る側の東京は、地方から稼いできた収入の一部を、税金を通してお金を簡単に集め、潤沢な資金を利用して開発を進めることができるので、さらに便利になることができます。

このように少し想像しただけで、地方に住んでいても東京へかなり貢献しているのだ、と感じてしまいます。

地方も東京と同じ条件で国税を納めているのであれば、都心のような交通網の恩恵を受けていない遠方に住むほど、生活に必要な運転免許や車検などは国の補助金で還元しましょう、などという制度があれば不公平感はなくなるでしょうが、このような制度はないので、ここでも国の苦労する負担を国民が背負っている気がします。

やっぱり車を持つと損？

財務省のウエブサイト「身近な税」にある「自動車にはどういう税金がかかるのですか」を見ると、買う時に払う自動車取得税、持っているだけで払う自動車税、何となく意味不明な自動車重量税、燃料代に含まれるガソリン税と、大きく分けて四つの税金を払っているのがわかります。

そのなかの「自動車取得税」については、消費税を払っているにもかかわらず似たような税金を二度払いしている点で問題になっていたため、二〇一九年一〇月一日にやっと廃止になりました。

その問題視されていた税を廃止することによって、国は国民負担を減らそうと努力をしているのだ、と期待をしたけれど、決してそういうわけでもなく、名称の響きが良さそうな「環境性能割」という税金を代わりに導入して国民からお金を取り続けるシステムを継続し、国民負担を増やす努力だけは相変わらず惜しんでいない印象を感じます。

ところで僕にとって税金というのは、国民の不公平感をなくすため「割合」で取られている、というイメージがずっとありました。

例えば所得税については給料が少ないと取られる税金は少なく、給料が多いと取られる税金も多いという「割合」があり、消費税も「パーセント」という「割合」で取られます。

自動車重量税について話すと、軽自動車については「軽い」という名称のイメージから税金は安く、普通乗用車はワンボックスカーのような大きな車から小型車まで車の種類によって重さがずいぶん違うので、ここでも重量の違いによる税金の割合がある、というのが納得できます。

車を動かすにはガソリンが必要で、ここでも当然のように税金がかかります。

そしてガソリン税の内訳で気づいたのが、国はガソリン税を割合で取っているのではなく、決まった定額のお金をいつも取っていることです。

二〇一九年一〇月の時点をネットで調べてみると、二種類のガソリン税と石油ガス税の合計三種類でリットル当たり五七円くらいのようで、これはその日のガソリン代が安かろうが高くなろうが、いつも一定の金額を国民は取られています。

ガソリン価格は色んな要因で価格が上下するので、普段の生活ではガソリンが高いから少しずつ入れて様子を見よう、とか、安くなったから満タンにしようなどと、行列で待ちながら少しでも節約して過ごしています。

ところがガソリン税はこのようなガソリン価格の上下に翻弄されず、何の心配もなく過ごすことができるので、その仕組みを決めた人達は、このような国民の苦労を何も感じないでお金をずっと取っていたのだ、とここで気づきます。

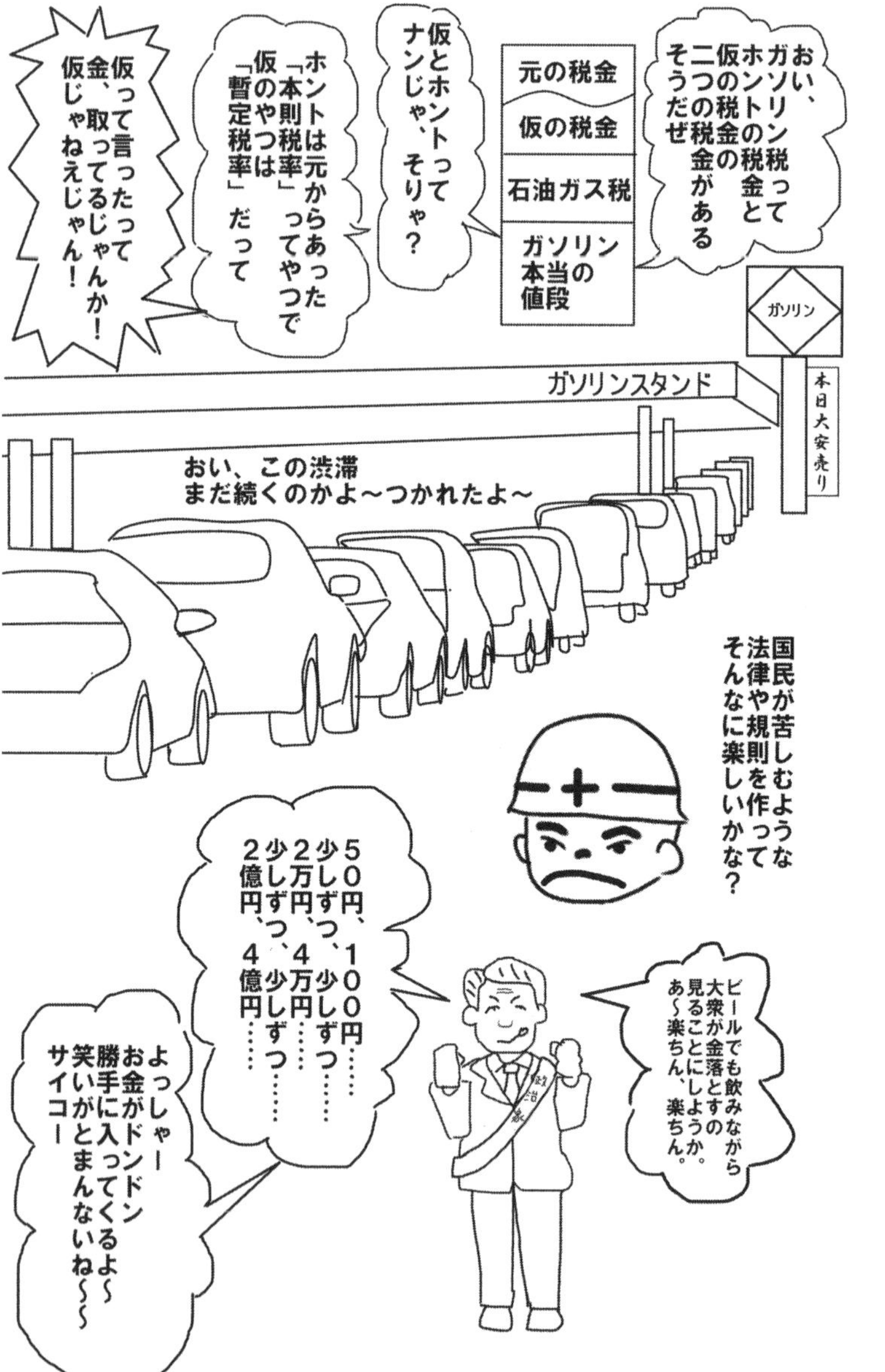
おい、ガソリン税ってホントの税金と仮の税金の二つの税金があるそうだぜ
元の税金
仮の税金
石油ガス税
ガソリン本当の値段
仮とホントってナンじゃ、そりゃ？
ホントは元からあった「本則税率」ってやつで仮のやつは「暫定税率」だって
仮って言ったって金、取ってるじゃんか！仮じゃねえじゃん！
ガソリン
本日大安売り
ガソリンスタンド
おい、この渋滞まだ続くのかよ～つかれたよ～
国民が苦しむような法律や規則を作ってそんなに楽しいかな？
ビールでも飲みながら大衆が金落とすの見ることにしようか。あ～楽ちん、楽ちん。
50円、100円……少しずつ、少しずつ……2万円、4万円……少しずつ、少しずつ……2億円、4億円……
よっしゃー お金がドンドン勝手に入ってくるよ～ 笑いがとまんないね～～ サイコー
政治家

足のつま先から頭のテッペンまで、全身がケチで卑《いや》しい人種の集団がいた？

僕の知っている人で「一〇〇円貸して、一〇〇円貸して」と言いながら、あちらこちらから小銭を借りる人がいます。

別の友人が「ああいう奴を寸借詐欺《すんしゃくさぎ》って言うんだよ」と僕に耳打ちしました。

一〇〇〇円だと嫌だけど、一〇〇円なら返せ、などと大人になるとシツコク言わなくなります。

「アイツは少しずつ、少しずつ、あちらこちら違う人からお金を借りるけれど、その借りたお金を返すのを見たことも聞いたこともない」と友人が言っていました。

ネットで調べてみると、バイク、軽自動車、自動車などの登録台数が二〇一九年三月時点でおよそ八二〇〇万台のようです。

一台だとたったの五七円ですが、八二〇〇万台全てが一度に一リットルだけガソリンを入れたと仮定しただけで、四六億円以上のお金を一度に手にすることができます。

総務省統計局のウエブサイトには「ガソリンへの支出—家計調査（二人以上の世帯）結果より」という資料があり、そこに平成二二年から二四年平均ガソリン購入量は月平均四三・三リットルらしく、年間五一九・六リットルになるそうです。

その数値にガソリン税を掛けると、毎年およそ三万円、各家庭では国からお金を取られている計算になります。

JAFのウエブサイトより抜粋
「車体（取得・保有）課税の国際比較
（13年間使用した場合）
2019年10月時点の税体系に基づく試算」

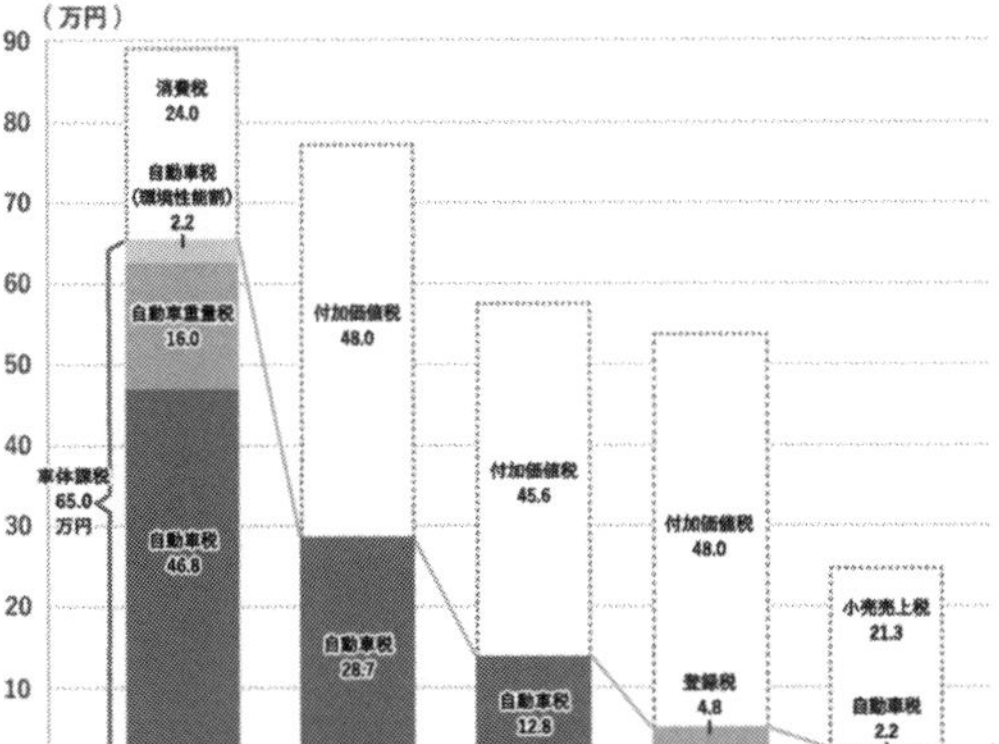

日本だけが、異常に税金高すぎ！！

アメリカと日本の免許制度の違いを知った後で、海外ではどのような車の税金があるのだろう、とネットで調べていると、ヨーロッパの一部とアメリカや日本と比較したグラフがあり、そのデータを見ると、ここでも他の国に比べて日本の税金が異常に高いことに気づきます。

「どうして日本で車を持つと損すると気づかないの？」と国民へ警告している国？

アメリカと比べて異常と言える高額の免許取得にかかる費用や、何度もやってくる免許更新での出費、「車検」という制度で強制的に取られた余計なお金、など、色んな場面で国は国民から取ることができます。

それに加えて、消費税や所得税などの金も払って国民は生活しています。

この章の初めに徴収という言葉の意味は「法律に基づいて、国や団体などが、税金、手数料、会費などを取り立てること」と紹介しましたが、本当の意味は「国や関係団体などにとって都合よくお金をかき集めるための便利なシステムなのだ」とだんだん気づいてきます。

しかもその取られるシステムの中身は、日本独自の異常な内容だったり、他国にあっても日本だけ異常に高額だったりしているので、豊かな生活など望めないのは当たり前だったのです。

こうして調べると「車を持っていると、ナゼかそれだけで必要以上にお金がかかるイメージがある」というのは「単なるイメージではなく本当だったのだ」というのがはっきりとわかります。

これは、まるで「国民のみなさん、車を持つとこれだけ損をするのだよ。車を持って損をしても、自己責任ですよ」という国の声が聞こえてきそうです。

なぜだか車関連のことを調べるだけでグッタリと疲れてきたので、次の話題を。

「国に文句を言う資格」というのがあった？

一時期「選挙に行かない奴は、国に文句を言う資格がない」という言葉を、何度かテレビで聞いた覚えがあります。

彼らの言葉をそのまま受け取ると、選挙へ行っていなかった当時の僕は、国に不満があっても、それを言う資格がなかった、ということになります。

僕は、消費税を払っています。

不思議なことに「あなたは選挙へ行かないので、国に文句を言う資格がない代わりに消費税は払わなくていいです」と一度も言われたことがありません。

どうしてでしょうか？

ものすごく不思議です。

例えば食堂に入り、お客は払ったお金に見合うだけの料理をサービスされるだろうということを、ごく当たり前のように期待します。

客に出す料理に味など関係なく、お金だけ取り、腹を満たすために近くにあるコンビニで買ったレトルトカレーを温めて出せば良い、という考え方でお店を運営している店主がいると、当然のように客は怒ります。

みんなから集めたお金をムダに使って良いとか、浪費して良いとか、好き勝手に使って良いなどと国民の誰も望んでいないはずです。

「税金をムダなく賢く使うなどと法律で定められていないのだから、好き放題に勝手に使い、借金しても良い」などと、お金を払う国民側は誰も望んでいないのです。

国の公式な言い訳は？

財務省のウエブサイトには税金に関する色んな情報があり、平成三〇年度の一般会計予算を基にした「日本の財政を家計にたとえると、借金はいくら？」という、僕でもわかりやすいイラストつきの資料があります。

そのレポートの内容を、お笑い漫才コンビ風にアレンジしてみました。

漫才師AさんとBさんは男性で、Aさんは妻と子供一人の三人家族とします。

俺は今、残業代入れて
毎月手取りで
三三万円の給料が
あるんだぜ
おお、ケッコウ
稼いでいるな
Bさん
Aさん

でもよ、ナンダカンダ言って、
毎月、金がかかるんだよ。
子供の塾代だろ、
英語教室だろ、カミさんは
ダンス教室行ってるだろ。
子供の塾とか、
奥さんが息抜きに
ダンス教室行ったりとか
大事だよね

俺も上司の付き合いで飲みに行くし、休日はゴルフだろ。
まあ、上司に気に入られるために付き合いで飲み会やゴルフに参加するのは、仕方ないよね。断ることなんて、できないからね。

結婚の時に、庭付きの、割と大きな家を買ってね。そのローンもあるんだよね。
おいおい、大丈夫かよ。一体、いくら毎月借金があるんだ？

毎月の借金は一七万円かな？
なんだって？
一七万円の借金があるのかよ！
一七万円って言ったら
お前の給料の半分以上じゃないか
大丈夫なのかよ
大丈夫、
大丈夫。
だって、生活費が足りない時は
どっかから
ずっ～と借りればいいだろ。
こいつは
ムリだ
全然、
反省してないや。
こいつは
一生、治らないな。

借金をする人達の特徴

日常生活では月の給与が手取りで二〇万円の時は、二〇万円に沿った生活をします。三〇万円あれば、三〇万円に沿った生活をします。

手取りで二〇万円なのに三〇万円の生活をすれば、借金するのは足し算や引き算の知識さえあれば理解できます。

これは特別難しくとも何でもなく、高い学歴さえ必要ありません。

国の「足りなければ国民に払ってもらえばいいや」という行動と、Aが「足りなければ、誰かから借りればいいや」という行動は全く同じで、計画性のない、浪費癖《ろうひくせ》のある人の典型的なパターンにしか思えません。

消費税を利用して国民からたくさんお金をかき集めたけれど？

僕が二〇代の時、消費税が始まりました。

僕の周りでも、消費税導入に猛反対をしていたのを覚えています。

その当時、政治番組にあまり関心がなかった僕は、消費税が導入された理由を全く理解していませんでした。

ただテレビで「国民一人当たり〇〇の借金を抱えている」という報道をよく聞いたので、国の借金返済のために消費税を始めたのだろう、と勝手に解釈していました。

「財務省　税の現状を知ろう」でネット検索すると、国が決めた今までのお金の出し入れの表を見る事ができます。

昭和五〇年から平成三〇年のデータがある「財政の状況」グラフを見ると、消費税が始まった平成元年は、国が使うお金（一般会計歳出）は六五兆円で、国が国民から集める事のできるお金（一般会計税収）はおよそ五五兆円となり、それらの差額である借金は一〇兆円です。

その時の消費税は、およそ三兆円でした。

同じグラフで消費税を導入した後の年代を見ると、税収が五〇兆円の線を境に上がったり下がったりしているので、国民が払うことが可能なお金は、ざっと見て平均が五〇兆円程度だと予想できます。

一方で国が使うお金を表す「歳出」は右肩上がりに年々増えていて、下がる気配は全く見えません。

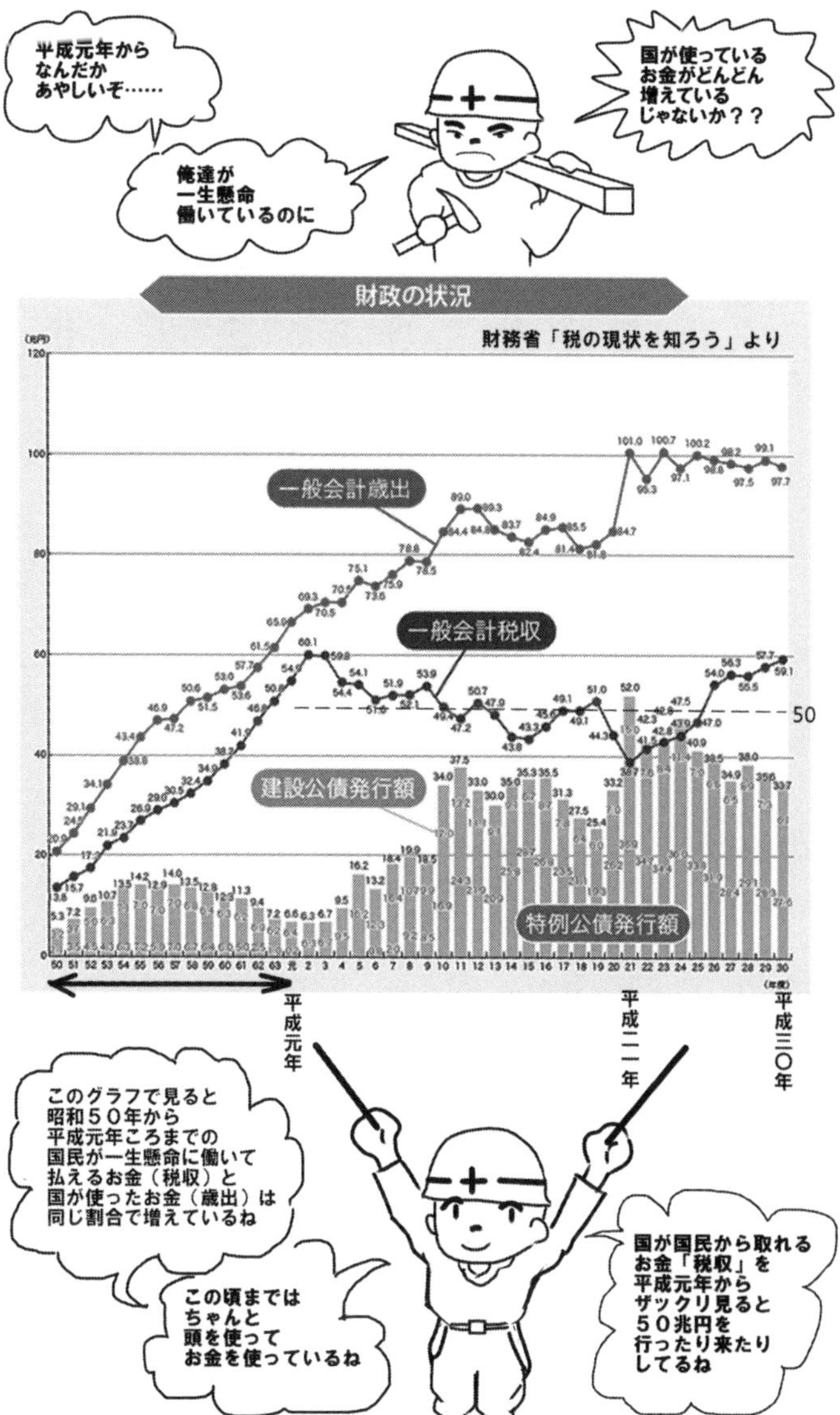
平成元年から
なんだか
あやしいぞ……
俺達が
一生懸命
働いているのに
国が使っている
お金がどんどん
増えている
じゃないか？？
財政の状況
財務省「税の現状を知ろう」より
一般会計歳出
一般会計税収
建設公債発行額
特例公債発行額
50
平成元年
平成二一年
平成三〇年
このグラフで見ると
昭和５０年から
平成元年ころまでの
国民が一生懸命に働いて
払えるお金（税収）と
国が使ったお金（歳出）は
同じ割合で増えているね
この頃までは
ちゃんと
頭を使って
お金を使っているね
国が国民から取れる
お金「税収」を
平成元年から
ザックリ見ると
５０兆円を
行ったり来たり
してるね

特に平成二一年度から、いきなり一〇〇兆円を超えているのが目立ちます。

借金できる額には限度があった？

総量規制という名の制度を聞いたことがあり、金融庁のウエブサイトにわかりやすい解説があり、そこには「貸金業者からの借入残高が年収の三分の一を超える場合は、新たな借入れはできなくなる」「例えば、年収三〇〇万円の方は、貸金業者から一〇〇万円までしか借りることができないということになります」と書かれています。

これは個人が借金できる限度額を決めている制度で、「年収の三分の一までならどうにかしてお金を返せる可能性があるけれども、それを超えると返すのは難しいから止めた方がいい」という意味だとわかります。

例として平成三〇年度の国の予算を見ると、使うお金はおよそ九八兆円です。

国が国民から得たお金（税収）は約六〇兆円、税外収入は約五兆円になり、合計はおよそ六五兆円です。

借金に当たる新規国債は約三三兆円となっています。

これらの数字から、手取りに対する借金の割合はおよそ五一パーセントという計算になります。

つまり、収入の半分以上が借金になっています。


平成元年に消費税が始まったその当時のグラフを見ると借金はおよそ一〇兆円で、国民から集めたお金に対して三分の一以下の割合でした。

お金の流れに詳しいであろう優秀な人達が作った「総量規制」という制度に当てはめると、あの当時の差額のままで予算を組んでいれば良かったけれど、今は収入の半分以上が借金なので、日本はもう手遅れだ、ということに気づきます。


もうどんな言い訳も通用しない、と、税金を使う立場にいる人達は真剣に考えてお金を使っているのでしょうか？

その当事者や関係者である人達のムダについて調べてみることにしました。

4
国の出費

Lists of How Japanese Government spending Collected Money

節約ってナニ？

節約の意味をネットで調べると「ムダ遣いをやめて切り詰めること」や「ムダ遣いを極力なくするように努めること」とありました。

お金を好きなように自由に使っていいよ、なんて言葉をかけられたら、まるで夢の中にいるみたいで、子供だけでなく大人でさえ天国にいるような気分になります。

でも現実は、いつでも好きなだけ自由に使えるたくさんのお金が財布に入っているはずがなく、目の前にある限られたお金に合わせて節約しながら生活しています。

たとえば食費を切り詰めることから始め、お小遣いを減らす、夏場はクーラーの使用時間を短くするか温度設定を上げて高い温度設定に慣れる、家族で出かける時は、外食をしないよう早く起きてオニギリを作り、なるべくお金をかけずにすむ場所を目的地とする、鼻をかむ時のティッシュは一枚を使わずに半分ずつ使う、などなど、工夫と努力をしながら生活をしています。

方法は各家庭で色々あれ、節約する時に一番大切なのは、お金を預かっている人自身が切り詰めた生活ができるかどうかにかかっているのだ、と、僕の妻を見ているとものすごく感じます。

家族への出費を減らす一方で、お金を預かる妻自身はおしゃれなレストランやホテルなどで外食し、ブランドの洋服を買う生活を送るようであれば、決まった収入を超えた金銭感覚に歯止めがかからず、やがて他人や金融機関からお金を借りるようになり、借金まみれになっていくだろう、というのは簡単に予想できます。

こうして考えると、お金を管理している人自身が実際に節約していなければ、周りがどんなに努力し働いて稼いでも、節約をした生活を送るのは絶対にムリなのです。

国を一つの家と考えた場合、管理する立場にいる政治家や公務員や関係団体が節約しているかどうか、というのがポイントだと気づきます。

それでは実際に節約ができているのか、税金を払っている立場の目線で調べてみたいと思います。

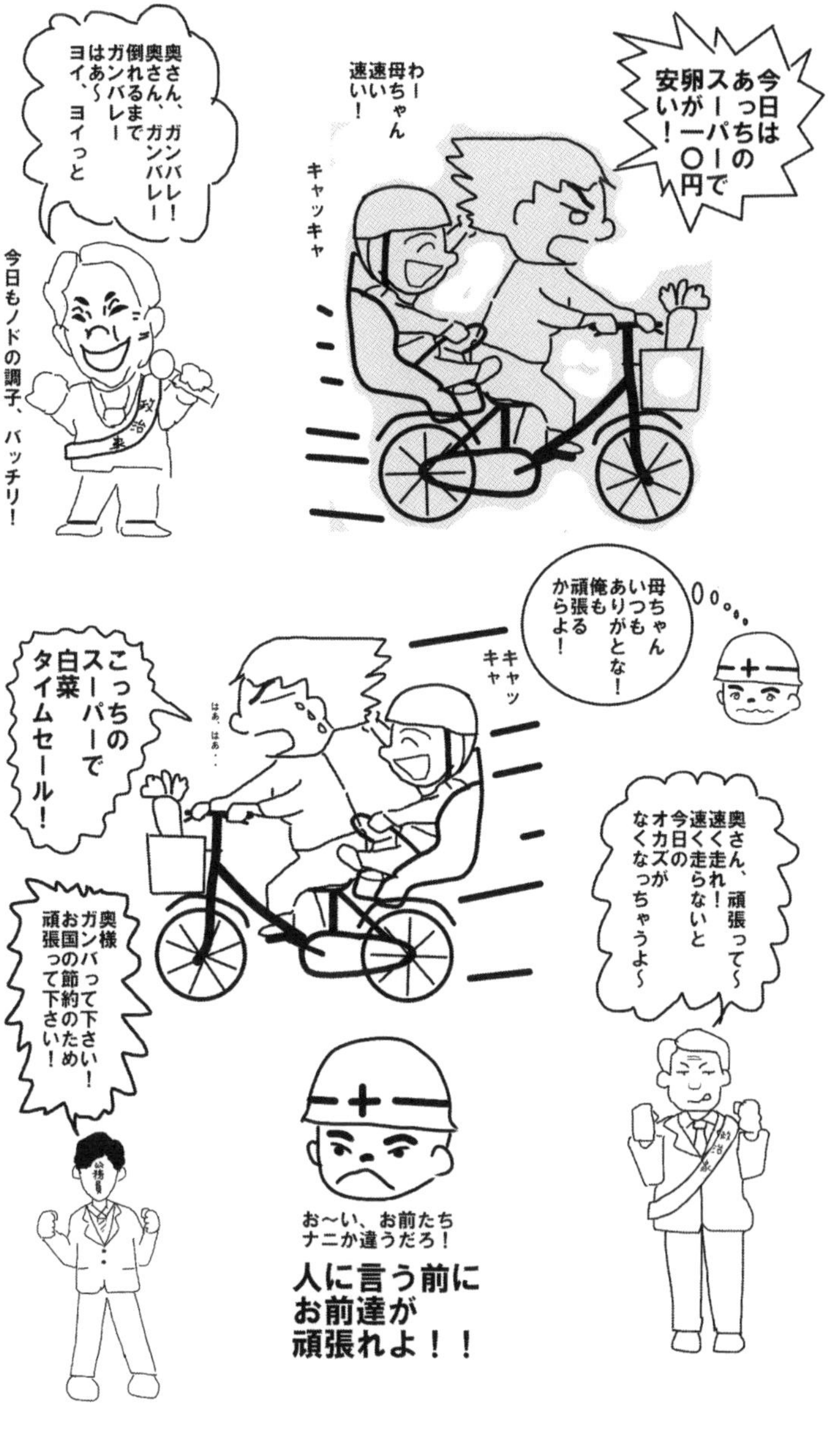
今日はあっちのスーパーで卵が一〇円安い！
わー母ちゃん速い速い！
キャッキャ
奥さん、ガンバレ！奥さん、ガンバレー倒れるまでガンバレーはあ〜ヨイ、ヨイっと
今日もノドの調子、バッチリ！
母ちゃんいつもありがとな！俺も頑張るからよ！
キャッキャ
はあ、はあ・・
こっちのスーパーで白菜タイムセール！
奥さん、頑張って〜速く走れ！速く走らないと今日のオカズがなくなっちゃうよ〜
奥様ガンバって下さい！お国の節約のため頑張って下さい！
お〜い、お前たちナニか違うだろ！
人に言う前にお前達が頑張れよ！！

公務員とは？

「公務員」という言葉で思い浮かぶのが、国家公務員と地方公務員です。

それぞれの役割は、人事院のウエブサイトに「国家公務員は、国に勤務する公務員で、地方公務員は、地方自治体（都道府県や市町村など）に勤務する公務員」と書かれています。

地方公務員にあたる業種は色々あるけれど、地方のごく普通の高校を卒業した僕にとって「地方公務員」という言葉ですぐに思い浮かぶのが「住民票などを発行している役所や役場という建物に勤務している人」つまり市役所や町村役場で勤務している職員です。

それで、ここで話をする場合の地方公務員とは、市町村役場で働く職員を指し、その他の公立の学校、病院、図書館、福祉施設の職員、上下水道、清掃、警察官、消防官、県庁職員やその他については、特に断りを入れることにします。

妥当な国家公務員の給与とは？

普段の生活で「給与日」と言わず「給料日」という言葉をつかうように、働いた分のお金のことを「給料」という言葉で僕は表現しますが、あらためてそれぞれの言葉の意味を調べると、給料は基本給のことで、それに交通費や残業代などの手当を含めた場合を「給与」というそうです。

ちなみに僕のような職人は、交通費や残業代などの手当を給料とは別に受け取ったことがなく、基本的に自腹なので、個人的には区別の意味はありませんが……。

さて本題に戻り、「節約」という言葉で最初に頭に思い浮かぶのが「それぞれの公務員は給与をいくら貰っているのだろうか」ということがどうしても気になります。

人事院のウェブサイトには「国家公務員の給与水準を民間企業従業員の給与水準と均衡《きんこう》させることを基本に勧告《かんこく》」という文言がありました。

わかりやすくすると「国家公務員のみなさんの給与は、大企業、中小企業問わず、民間で働いている人達が得た給与を平均して出た数字と同じ金額にしましょう」という意味に受け取れます。

あるテレビ番組で国家公務員の給料に関する特集を見た事があり、その時の内容では「一部の有名な高い給与を得ている大企業だけを対象としている」と紹介していたので、人事院がウェブサイトで公式に説明している内容とは、全く違う給与を得ているのだとわかります。

番組を見ていると「国家公務員の給与は多い」というような印象がありましたが、僕は逆の思いがあって「国家公務員が大企業と同じ給与水準なのは適正ではないか」と感じます。

大工の僕が国家公務員の細かい仕事内容まで想像をするのはできないけれど、国のために働いている公務員として、大企業と同じくらい給料がないと同窓会などで友人に自慢できないのではないかと思うのです。

同窓会で自慢できるのが基準になるのかどうか、というとバカバカしいと思うかもしれませんが、僕は「国家」のために働いている人達は優秀であるべきだと思います。

その理由の一つとして、自民党であれ旧民主党であれ、誰が首相かわからないくらい、日替わりのように首相がコロコロと代わる時期がありました。

首相というのは日本の顔であり、頭脳の中心（？）です。日本は「先進国」と小学校の時から教わってきたつもりです。

けれども、その「先進国」が首相をコロコロと代える議員集団に、ずっと動かされているのが現実です。

国家公務員が、日替わり定食感覚で過ごしている議員集団と同じようなレベルの適当な人材だと、税金を払っている側の国民としてとても困ります。
また、国内だけでなく、外国から見ても困ると思います。

こんな状況でも外国からツマハジキにされないように、日本を支えている存在がどうしても必要になります。
その「縁の下の力持ち」みたいな存在が国家公務員かな、と思います。

給料って、とても大事です。
国のことを支えている立場として、同窓会などで友人と会っても、一部の有名な高い給与を得ていそうな大企業と同じくらい、自慢して良いお金を受け取っている仕事。

それが国家公務員の給与であるべきだと、個人的には思います。

今度は
オレの番だ
ーっつーの！
首相になるのは
オレの番だ！
オレだ！
オレだ！
オレだ！
オレだ！
政治家A
政治家B
スミマセン、
イマ　ハ、
ドナタ　ガ
シュショー
デスカ？
マエ　ニ
キタトキ　ト
カオ　ガ
チガイマスネ
ワタシ　ハ
ダレ　ト
オハナシ
スレバ
イイノデスカ？
マエノ　ヤクソク
オボエテ　マスカ？
ココハ
クニ　デスカ？
コロコロ　カワリマスネ
ichiou
gaijin
ただ今、
立て込んで
まして・・・
すみません
すみません
すみません
私が
代わりに
伺います
公務員
国家公務員

地方公務員の給与を査定すると？

公務員がいくら給料や給与を貰っているか、という正確な情報が欲しくて国の機関が出しているウエブサイトをあれこれ探していたのですが、あまりにも細かくゴチャゴチャと書いていて、結局ナニが言いたいのか僕にはさっぱりわからず、税金を払っている立場として、とても困りました。

これでは話が前へ進まないのでネットから得た情報になりますが、平成三〇年の国家公務員の平均年収はおよそ六三七万円で、地方公務員の平均年収は六三〇万円というスッキリした記事がありました。

これを参考にすると、国家公務員と地方公務員の年収差額は七万円で違いがあるように見えますが、割合にすると約九九パーセントになり、国も地方もほぼ同じ給料を貰っていることがわかります。

この結果から、地方公務員も国家公務員と同じように、大企業だけを参考にした給与を得ている、ということに気づきます。

国税庁のウェブサイトには「民間給与実態統計調査結果」という資料があり、「平成三〇年分民間給与実態統計調査結果について」によると「一年を通じて勤務した給与所得者の一人当たりの平均給与は四四一万円」という、公務員については複雑だけど、ナゼか納税者に関してはスッキリとした資料があります。

この資料から計算すると、地方公務員は納税者の平均給与より一八九万円多く給与を受け取っている、とても余裕のある生活をしているのがわかり、国を支えている納税者の平均年収は地方公務員に比べると七〇パーセント以下しかありません。

給与を決めているルールについて調べていると、地方公務員法第二四条第一項「職員の給与は、その職務と責任に応ずるものでなければならない」と書かれているのがあり、第二四条第二項に「職員の給与は、生計費並びに国及び他の地方公共団体の職員並びに民間事業の従事者の給与その他の事情を考慮して定められなければならない」と書かれているのを見つけました。

道を歩くと誰でもわかるように、会社の多くは大企業ではなく、中小企業です。

給与というのはそれぞれの仕事量に見合ったお金が設定されていて、国家公務員であれば国家のために仕事をする仕事量が与えられており、地方公務員は地域のために仕事をする仕事量が与えられていますので、それぞれの給与差額は大きく差があって当然だ、と予想できます。

ところが、国と地方の公務員の平均給与の割合はほぼ同じで、それを見ると単純に二つのことが考えられます。

それは地方公務員の仕事量は国家公務員とほぼ同じである、という点と、逆に仕事量の割合に比べて給与だけは高い、という点の二つです。

このように並べると、地方公務員が国家公務員と同じように、大企業と同じ給与水準であるべきかどうかについては、大きな疑問があります。

ええ！！
地方公務員
の給料って
国家公務員
の給料の
99パーセント！！？？
……って言うか
給料だけみると
地方じゃなく
すでに
「国家」じゃん！！
開いた口が
ふさがりません…
スミマセン
しばらく休ませて
下さい……
ショックで
気分が……

国家公務員
平均637万円
地方公務員
平均630万円
悔しかったら
かかってきなさい！
給料では
負けません！

適正な公務員の給与割合は？

僕には大都市に本社があり、たくさんの人が知っているような有名な企業で働いている友人と、業界の人でさえ知らない地域に根差した中小企業で働いている友人がいて、彼らの話を聞いた内容から同じ年齢の年収を比べた時、中小企業の年収は大企業の給与の六割から七割程度で、八割以上はかなり多いほうだと感じました。

民間の大企業と中小企業の給与を参考に、国家公務員の給与を参考にした場合の地方公務員の給与は、県職員が国家公務員給与の八割から九割、市町村が六割から七割が常識的で妥当ではないでしょうか。

これは僕だけでなく誰もが思っていることだとはっきり言えますが、住民票を発行するのに国家公務員がやる必要はなく、市町村に住んでいる地方公務員に外国の要人と頻繁《ひんぱん》に会い国会議員のサポートをして欲しい、と期待しません。

つまり、地方公務員は国家公務員と同じレベルで同じ仕事量をこなす必要はなく、住んでいるその地域のために与えられた職務を果たすべきで、住んでいるその地域に根差した公務員である以上、給与もその地域に合わせて決めるべきだとわかります。

こうして考えると「地方のための公務員」が、地方にたくさんある中小企業を無視して東京などの大都会だけに本社をかまえている大企業だけを参考にした給与を得るのはワガママとしか思えず、地元に根付いている企業の平均を給与参考にすべきだと思えます。

公務員の給与で、節約をシミュレーションしてみると？

総務省のウエブサイトを見ると、平成三一年四月一日時点の全地方公共団体の部門別職員数のデータがあり、「福祉関係を除く一般行政」という数値を参考にした場合、五五万四一〇四人の職員がいるそうです。

とりあえずこの数字を使って、日本全国の役所や役場で働いている地方公務員の数を指していると考えた場合、先ほど挙げた平成三〇年の国家公務員の平均年収およそ六七三万円の七割にすると、地方公務員の給与は四七一万円で、受け取っている六三〇万円の差額である一五九万円と職員数を掛け合わせると全体で約一兆一一九三億円の節約になります。

「日本の子供の人口」でネット検索すると、二〇一九年四月一日時点の子供一五歳未満は一五三三万人らしく、節約で浮いたお金である約一兆一一九三億円を振り分けると、およそ七万三〇一三円になります。

ただこれだけのことを行うだけで国民の負担を全く増やさずに、児童手当を親の年収に関係なく、さらに公務員自身を含めた職業に関係なく、一人当たり年間およそ七万円以上も支給することができ、日本中の家庭を豊かな気分にできるのです。

子供のためのふるさと納税って、ホント？

地方公務員の給与をネットで調べていると「地方公務員の年収ランキング」というデータがあり、財政破綻《ざいせいはたん》しているので、ふるさと納税を通してたくさん寄付をして欲しい、とアピールしていることで有名な市の職員給与が、一人当たり年収約六八四万円で、全国でも上位に入っているのを見つけました。

その市のウエブサイトで確認すると職員数は約四六五人で、単純にその数値と年収を参考に給与を一〇〇万円下げただけで、一年間に四億六五〇〇万円節約できることになります。

子供達のために学校にプールも作れない、というのが、ふるさと納税を集めるための理由の一つのようです。

「学校　二五メートルプール　建設費用」でネット検索すると「プール本体、管理棟、濾過器《ろかき》」全て含めて、一ヵ所あたり一億五〇〇〇万円かかる、という資料を見つけました。

これを参考にすると節約した四億六五〇〇万円で、子供たちのための新品のプール施設が毎年三ヵ所できるお金が、自動的に湧いてきます。

例え一〇〇万円下げたとしても給与は五八四万円あり、参考にしている国家公務員の平均年収およそ六三七万円に対する割合は約九二パーセント、納税者の平均給与と比べても一四三万円多く受け取れるので、かなり余裕のある生活を送れることがわかります。

その地域の子供達の教育を豊かにすることを本気で考えれば、職員給与を民間レベルに合わせることなど、簡単に思いつくアイディアではないか、と感じました。

皆でムダ遣いすれば、国民なんか怖くない？

市町村職員給与のムダ遣いがないか調べていくうちに「大阪市の不祥事」という記事を

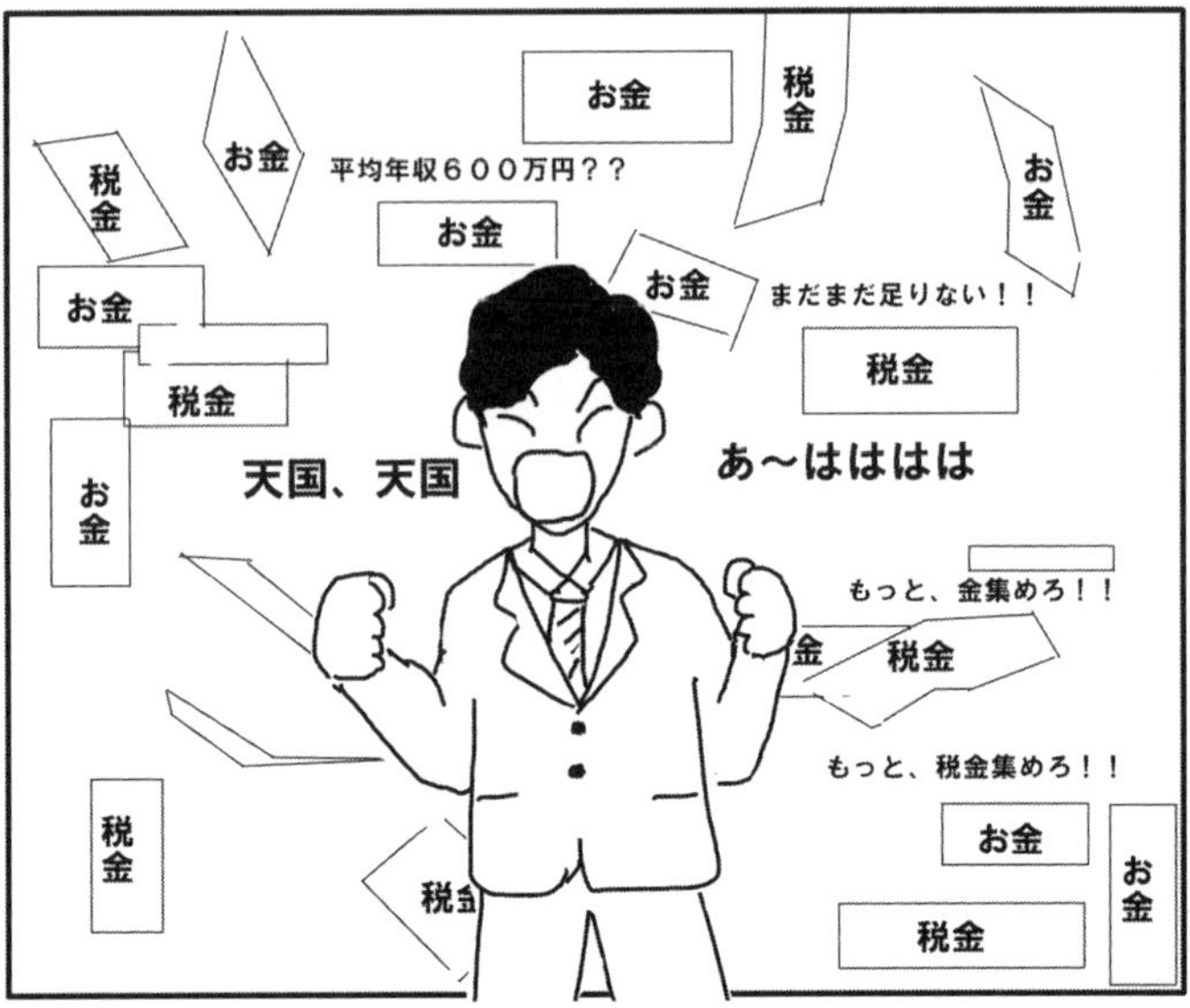

見つけました。

記事を読むと不正が始まったのは一九六〇年代前半で、発覚したのは二〇〇〇年に入ってからのようなので、四〇年間も不祥事が蔓延《まんえん》していた計算になります。

アニメや映画で、大金が保管されている金庫を破った大泥棒が、金庫室の中に入って見つけた札束を宙に投げて高笑いしている場面を見たことがありますが、この記事の内容を読んでいると、この場面が浮かびます。

内容が知れ渡るようになったのは、あ

る放送局のニュース番組らしく、それから市政改革を行うようになった、と記事は紹介しています。

全国的なニュースにも取り上げられ、これがきっかけで他の市町村でも調査されるようになり、他の多くの市町村役場でも不正が見つかったようです。

この本を執筆している時、国家公務員のあるトップが特定の業種からお金を受け取った、という罪で逮捕されました。

税金で給与を得ているという立場上、政治家や公務員が不祥事を起こしてはいけない、というのは当然のことですが、人間は間違いを犯す生き物なのだ、という前提で公務員の不祥事を考える時、国より県、県より市町村の方が不祥事を起こしやすいのではないか、と僕は感じました。

公務員という立場を利用して、個人が特定の業者からお金を受け取ることも、市町村の不正のように税金を自分達の勝手な解釈をして集団で受け取ることも、どちらも同じくらい重い行為のはずです。

ところが個人が起こした不祥事の場合は、逮捕されて罰せられるという重いペナルティーがある印象があるけれど、集団で起こした不祥事は、内容が公になっても逮捕されずに「処分」で済ます場合があります。

まるで、身内だけで物事を勝手に決めて、軽く受け流している印象です。

同じ公務員という肩書を持っていても、国と地方で良識に大きな差があるのはどうしてだろうか、と考えた時、その理由はそれぞれの採用の仕方が原因ではないだろうか、と思いました。

採用方法について人事院のサイトを見ると「国家公務員は、公開平等の競争試験を経て採用されることを基本としています。そのため国家公務員になるためには、競争試験（採用試験）を受けていただくことになります」と書かれています。

一方の地方公務員の採用基準を調べると「それぞれの地方公共団体ごとに競争試験を行う」「それぞれの地方自治体に委ねられている」という文言があります。

それぞれの文章から受け取れるイメージは、国家公務員になるには公平で公正に採用するけれど、地方公務員の場合は決定方法がバラバラなので「公平で公正とは限らない」と受け取れます。

今はこれだけ情報が早いので、さすがにこのような非常識なやり方はないだろうと信じていますが、僕の地元でも以前は「市役所に知り合いがいた方が、公務員に採用されやすい」という話を聞き、その当時は不公平な採用の仕方に納得していませんでした。

子供だった当時は思いつかなかったけれど「知り合いだから採用されやすい」というのは、税金から給与を受け取っているという立場上、立派な「不正」です。

人事院のウエブサイトに紹介されていますが、公務員の役割が憲法第一五条にあり「すべて公務員は、全体の奉仕者であって、一部の奉仕者ではない」とはっきり書かれています。

奉仕者の意味を調べると「社会や人のためにつくす人のこと」とありました。

憲法第一五条を知らなくとも漢字の意味から想像して「公のために務める人」という意味が込められているとわかるはずなのに「コネ」を使って身内で仲間を作り、自分達の利益ばかりを考えるようになる。

身内で作った集団の中にいると善悪の感覚が鈍るので、納税者が一生懸命働いて払った税金を目の前にして、自分のお金のように勝手に使う。

その様子が浮かんできます。

これでは「社会や人のためにつくす人」という言葉の意味からは程遠く「自分自身や自分の周りにいる仲間だけにつくす人」あるいは「自分の利益や立場だけを守る人」という意味の「自務員」という漢字に変えればいいのではないか、と思ってしまいます。

一人でやったので捕まっちゃいました。
処分だけで逮捕されないから悪いことをした、という自覚がまったくない……困ったね……
しかも、皆でやったから一部だけしか処分されていない

皆でやったら、絶対に捕まりませんよ～～
最悪でも、ただの処分だけ。

安心して下さい！クビには絶対になりません！

…バレたら「自主返納」すりゃいいか。

政治家が報酬を自主返納しても、手当が3000万円あるのを忘れずに…

ちなみに政治家は「私は悪い事はやった」と自分の口から言わなけりゃ
罪には絶対になりません
…どうせ次回も選ばれるのは分かっているから、ね…

ニッポン、バンザイ！！ニッポン、チャチャチャ

手当ってナニ？

「ムダ遣い」で最初に挙げた項目が「給与」で、次に挙げたい項目は「手当」です。
個人的にはこの「手当」というのが一番の曲者《くせもの》ではないか、と感じます。

あるテレビ番組で、公務員手当の特集をしていましたが「叩けば埃が出る」という言葉が似合う通り、たくさんの手当が紹介されていました。

「手当」という言葉の響きは、何となくオブラートに包まれているので誰でも手軽に利用できるシステムのように聞こえるけれど、本来であれば、仕事で絶対に必要だけど給料に含まれていなかったので、その余計にかかった分を払いましょう、という意味が込められているはずです。

ところが手当の内容を見ていると「基本給以外で、自分達の好きなように勝手にお金を受け取れるシステム」と都合よく解釈されているのを感じます。

普通に生活していて、ここに挙げた地方公務員というテーマで話す場合の地方公務員とは「住民票などを発行している建物に勤務している人達」つまり「役場や役所に勤務している人達」のことを指し、その他の公立の学校、病院、図書館、福祉施設の職員、上下水道や清掃、警察官、消防官などは含まない、と前置きしました。

これから挙げるいくつかの例が、その理由です。

●もし学校の先生が嫌な生徒や嫌な生徒の親を相手にする度に手当を請求したら？
●もし先生が自宅でテストや授業の準備をしている時間も残業として請求したら？
●もし先生が日曜日のクラブ活動を残業代として請求したら？
●もし先生がクラブ活動をしている時に雨が降ってきて、思った以上に寒くなったからと手当を貰ったら？
●もし先生が受け持ちの生徒が受験に受かったからと、手当を請求したら？

●もし警察官が残業代を貰えないため、八時間を過ぎたので犯人を追いかけるのを途中で止めて家に帰ったら？
●もし警察官が凶悪犯人を相手にしたから、危険手当という手当を貰ったら？
●もし警察官が犯人を追いかけていて八キロ過ぎて出張手当が貰えないから、追いかけるのを止めたら？
あるいは八キロ過ぎると、毎回、出張手当を請求する警察官がいたら？
●消防士が、火事の大きさで手当を貰ったら？
あるいは大きな火事は手当が貰えないので消火活動をせずに帰り、小さな火事だけを相手にする、と言いだしたら？
●もし図書館員が、本人にとって難しい本を分類するように言われたので「難しい本手当」という名の手当を貰ったら？
●もし清掃職員が住民から嫌みを言われて、精神的に傷ついたからと、手当を請求したら？
●もし先生や警察官や消防士が、仕事で疲れたので、元気を出すために仲間同士で焼肉を食べに行って、手当を貰ったら？

ノド乾いたから
ナニか手当ない？
ビールでも
飲みに行きたいな〜
大丈夫、大丈夫！
居酒屋に行きたいなら
元気回復手当！
って、ちゃんとあるから
心配しなくていいよ
公務員
寒いから
寒冷地手当
住んでる人には
あげないからね〜
役所の外に出るから
出張手当
家買ったから
住宅手当
家賃補助
じゃないよ〜
助かるね〜
出世困難手当？
ゴメン、これ
ギャグじゃない
からね
周りは結婚しているけど
一人で可哀想だから？
独身手当
メガネ手当？
・・・って、
これ、ホント？
ここまで、やる？
現金取り扱い手当
もう、なんでもありだね
窓口に来る人が
うるさいから？
窓口手当
MOUKATTE
MASU!!
手当ってサイコ〜〜
ただいま、新しい手当を募集していま〜〜す！

大工の手当？

型枠大工は、台風のように身体も飛びそうなキケンな天候の中ではさすがに仕事はできませんが、二時間程度のドシャ降りの中で作業を行うことはあり、身体だけでなく、大切な道具にダメージを与えることを考えると仕事は避けたいのですが、それでもムリをしてでも生活のために仕事をする時があります。

また、雪のシーズンになると足元は指の感覚がなくなるほど冷え、そんな気象条件の中でも作業を行います。

このような気象条件でも市、県あるいは国の役所のどこからも手当は貰えません。

公務員の仕事の全てが、簡単と言いたいのではありません。

同じように大工の仕事も、決して楽ではありません。

倒れるような暑い夏だろうが、気が沈むくらいのドシャ降りだろうが、足の指が取れるんじゃないかと思うくらい寒い雪の中だろうが、コンビニだけでなく、民家さえ周りに全くない山の中の僻地で働く人がいる一方で、快適なエアコンがある建物の中で身体の心配をせずに働けるというのは、僕の立場から見ると羨《うらや》ましいとは思いますが、公務員である以上、快適な環境で働き、天気に左右されず決まった額の給料を貰えるのは、当然の権利だと納得しています。

ところが先に挙げた手当リストを見た時、それらは受け取って当然の権利で、税金を払う立場の誰が見ても納得できるだろうか、と思うのです。

仕事って、ナニ？

公務員という仕事を選んだ大きな理由は、安定だと思います。

けれども手当の内容を見ていると「安定して給料が貰える」イコール「楽な仕事だけしかやらない」と勘違いしているようにしか受け取れません。

皆が皆、悪いことをすればおとなしく捕まるような犯人だけだったら、あるいは自首するような犯人だけだったら、こんなに理想的な世の中はありません。

大工だって、毎日、天気が良くて涼しかったら、こんなに楽しい仕事はありません。

でも現実は違います。

外は倒れるくらい暑い日や、逆に急に降った大雨で全身が濡れ、身体が震えるようなとても寒い日もあります。

北へ行けば寒いのは当たり前で、コンビニや民家が近くにない場所だってあります。

犯人は必死で捕まらないように逃げ、生徒だって大切な授業を聞かず勝手におしゃべりする子もいます。

残念なことに、このような条件の中で仕事をしています。

仕事というのは、使命がある、と感じています。

これは役所で働いている公務員でも仕事である以上、使命があるはずです。

使命の意味を調べると「責任を持って果たさなければいけない任務」とあります。

警察官には警察官の使命があり、大工には大工の使命があります。

別の言い方をすれば職業を選んだ時点で、その仕事の使命を覚悟しなければいけない、と思います。


犯人がおとなしく捕まらないように、役所の窓口に来る市民だってみんなが礼儀正しいと期待すべきではありません。

役所へ行った納税者に大声で不満を言われようが、質問した多くの人にわかりやすいように丁寧に答え、書類が必要な人のために一秒でも早く発行する。

それが使命だと思います。

国家と地方の適正給与って、ナニ？

国家公務員の給与は、同窓会で友人達に自慢できるのが基準だと言いました。
それは地方公務員も同じだと感じます。

納税者が首を傾げたくなるような額の給与を受け取り、同窓会で友人達に堂々と話すことができるかどうか。

年々上がる税金で大変な思いの中で生活している時に、説明できない手当まで受け取り、お金を払っている立場の友人を、納得させることができるでしょうか。

もちろんですが、手当に関しては地方公務員だけでなく、国家公務員も真剣に考えるべきです。

色んな手当を作る背景には、たくさんお金を取りたい、儲けたい、という意味が込められているのが透けて見えます。

そもそも「景気が良くなった気がしない」

「税金だけが異常に上がった分だけ、給料も異常に高くならないので生活の苦しさは変わらない」

「毎日、安い食材で我慢しよう」と国民が頑張って働いている中で、公務員という仕事で儲けようなんて思うのは、間違っているのではないでしょうか。

今は国家の非常事態だと、同じ公務員仲間である財務省が警告しています。

二〇二〇年一二月時点でのウエブサイトを見ると「日本の財政を家計にたとえると借金はいくら?」と映像で説明しているように、借金に当たる公債金が三六兆八〇〇〇億円あり、年々上がっているようです。

自分の小遣いを手に、やっとコンビニでお菓子を買えるようになった小さな子供から、退職して働けなくなり、年金生活で細々と暮らしている年寄りも含めてお金を取って借金を返そうとしている時に、納税者の平均給与より高い給料を受け取り、さらに手当まで受け取るなんて、周りが納得できるでしょうか。

税金を上げる、というのは、その集めた税金から好きなようにお金を受け取って良い、という意味ではないと、いつかは気づいて欲しいと、心から願います。

特殊法人と独立行政法人の第一の理由は、能率的作業のため？

最近は聞きませんが、以前は「天下り」という言葉がテレビで毎日のように流れていて、その言葉とセットになって出てきた単語が「特殊法人」や「独立行政法人」という言葉でした。

総務省のウエブサイトにそれぞれの役割が書かれていて、特殊法人については「政府が必要な事業を行おうとする場合、その業務の性質が企業的経営になじむものであり、これを通常の行政機関に担当させても、各種の制度上の制約から能率的な経営を期待できないとき等に、特別の法律によって独立の法人を設け、国家的責任を担保するに足る特別の監督を行うとともに、その他の面では、できる限り経営の自主性と弾力性を認めて能率的経営を行わせようとする法人をさします」と書かれています。

借金を抱えているから大変だよ、という点についてはイラスト付きでわかりやすく説明しているけれど、特殊法人についての説明は、何を言いたいのかさっぱりわからない文章で説明しているのは、税金を払っている立場として本当に困ります。

文章から拾ったキーワードを並べて、勝手に解釈すると、

①政府がやりたい事業で企業的経営になじむ（民間でもできそうなものを、税金を使ってやりたいことをする？）

②特別の法律によって独立の法人を設け（誰からも文句を言われないように、法律を作っ

て法人を守る？）
③国家的責任を担保（国が全面バックアップして、国民に文句を言わせない？）
④できる限り経営の自主性と弾力性（税金は思う存分、使える？）
⑤能率的経営を行わせる（自由にしてる？）
もう一つの独立行政法人は「各府省の行政活動から政策の実施部門のうち一定の事務・事業を分離し、これを担当する機関に独立の法人格を与えて、業務の質の向上や活性化、効率性の向上、自律的な運営、透明性の向上を図ることを目的とする制度」と書かれています。

こちらもキーワードを並べると、
①事務・事業を分離（業務を切り離して、人手を増やす？）
②担当する機関に独立の法人格を与える（身分保障？）
③質の向上、効率性の向上、自律的な運営、透明性の向上（それぞれ、わかりやすいデータがないので、意味がない？）

第二の理由は、受け皿？

総務省のウエブサイトを見ると特殊法人は三三法人、独立行政法人は八七法人あり、合計で一二〇法人あるようです。

この本は、財務省のウエブサイトにある「みんなで借金を減らすことを考えましょう」というテーマを中心に書かれています。

テレビの報道やネットでは、特殊法人や独立行政法人は公務員のために受け皿として作った団体である、という言葉を何度も聞くことがあります。

その理由として、公務員は一生保障されなければいけない職業である。

年齢を重ねていくと、皆が皆、同じような役職を与えられるわけではなく、出世できる人とできない人が出てくる。

このような状態で毎年のように新人が入ってくる。

出世できない人は、組織の中で宙に浮いてしまう。

その宙に浮いている人達が可哀想なので特殊法人や独立行政法人がある、という内容をよく聞きます。

残念ながら僕が学校に通っている頃は気づかなかったけれど、勉強というのは世の中に出ても困らないようにするものなのだ、と歳を重ねるごとに思います。

就職活動する時に見せる履歴書には「学歴」を記入する項目があり、それを見ても僕のような高卒より大卒の方が優秀というのが世間の常識であり、大卒は高卒に比べると世の中に出ても困らないくらいの勉強をやってきて、知識も豊富にある印象があります。

「国家公務員　大学　ランキング」で検索すると、合格最多は誰でも知っている日本の頭脳と呼ばれる東京大学のようです。

他にも京都大学、早稲田大学、東北大学など、誰でも知っている優秀な大学を卒業した人達が国家公務員に採用されているようで「国の重要な機関なので、外国から見てもバカにされない優秀な人達を採用したい」という国の気持ちはわかります。

ある有名な会社で働いている僕の友人が「どんなに上司が言うように一生懸命働いても、社長になれるわけではない。例え社長と同じように働いても、社長になれる保証はない」と言っていましたが、本当にそうだな、と聞きながら思いました。

人が集まって組織ができればトップは一人で、これは学歴に関係なく起こります。例えば同じ組織にいる百人全員が日本の頭脳と言われる東大出身で、百人全員が優秀であっても、トップは必ず一人です。

けれどもトップになれなかったからと言って、それ以外の全員が東大出身という経歴を人生から自動的に消去されるわけではなく、やっぱり東大を卒業した人は、東大出身の肩書を持ったまま人生を生きていくことができます。

本当に優秀であれば、国家公務員でなくても優秀のはずです。

もし国家公務員の肩書を外せば優秀でなくなるのならば、優秀なのは国家公務員であり、優秀だと思っていた大学は、実は大した場所ではなかった、ということになってしまいますが、逮捕者や不祥事を起こす人が時々出てくるように、国家公務員が特別優秀でないのはわかります。

誰もが知っている有名な大学を卒業するために、ある人は小さい頃から親や周りから影響を受け、ある人は恵まれた環境の中で特別な教育を受け勉強し、世の中に出ても困らないはずの優秀な知識を得て、国家公務員という職業を得た。

「歳をとって出世できない人達が行き場を失って可哀想だから」という理由で特殊法人や独立行政法人を作っているのならば「トップクラスの大学を卒業したのは、世の中の発展に貢献する人材を育てるために勉強していたのではなく、税金で保護しないと生きていけない人材を育てていたのか」という大きな疑問が出てきます。

僕は特殊法人や独立行政法人が公務員の受け皿である、という理由を聞くと、ドラえもんのスネオが頭に浮かびました。

スネオの名前は「親のすねをかじっている」という言葉から作者が作ったのだろうと想像できます。

「すねをかじる」という意味を調べると「子供が経済的に独立できず、親に養ってもらったり、親の援助を受けたりしていること」とありました。

子供が自立できないで親に養われていること、という意味だそうです。

この意味がわかると、特殊法人や独立行政法人が公務員の受け皿である、という内容を聞くと「スネオと全く同じ扱いをされているな」と感じます。

公務員というのは家をデザインする人や家を造る人、自動車をデザインする人や車を工場で造る人、パソコンをデザインする人やパソコンを造る人と同じように、たくさん世の中にある仕事の一つだと思います。

社会や人のためにつくすのが仕事である公務員に向いている人は、立場がどうであれ、出世に関係なく仕事をこなせば良いだけのことだと思います。

出世や給料が理由で仕事を選んだ人が、立場や給料に拘《こだわ》って職場の待遇に満足できないのであれば、潔《いさぎよ》く公務員を辞め、世の中にたくさんある民間の仕事を選び、特別な教育を受けてきた能力を発揮すれば良いだけのことです。

また日本の頭脳である人達が民間の業種にたくさん流れると、それこそ世の中が発展する機会が増え、結果的に国のために明るい未来が見えてきます。

給料も居心地も良い場所を無条件に差し上げますよ、と言われたら、よほど疑り深い人でない限り、学歴に関係なくその場所へ喜んで行くだろうし、僕ならスキップしながら飛び込んで行きます。

子供が大きくなっても親が居心地の良い場所を無条件に提供すれば、子供は何も考えずにそのまま勝手に居着いてしまうのは当たり前の行動であり、このような甘えた人間がやがて堕落《だらく》していくのは、当然のことだと思います。

テレビの動物番組で、ヒナが成長するに従って自分でエサを捕れるように親鳥が教えている映像を見たことがありますが、動物だけでなく人の親も子供が自立できるように生きていってほしい、と願うはずです。

親のお金や、みんなから集めた税金で、受け皿を作らないと生きていけない場所を作るのはムダなお金の使い方というだけでなく、優秀な学歴を持った人達が提供された場所以外では無能だ、と認めてしまうようなものです。

国も、スネオのママも、大人になったら甘えるような人間をわざわざ育てるために勉強させたはずではないので、優秀な学校を卒業し「日本の頭脳」と言われるような人に育て上げたのなら、どこへ行っても、何をしても、世の中でその優秀さを存分に発揮する機会を与えるのが、国や親の役目だと思うのです。

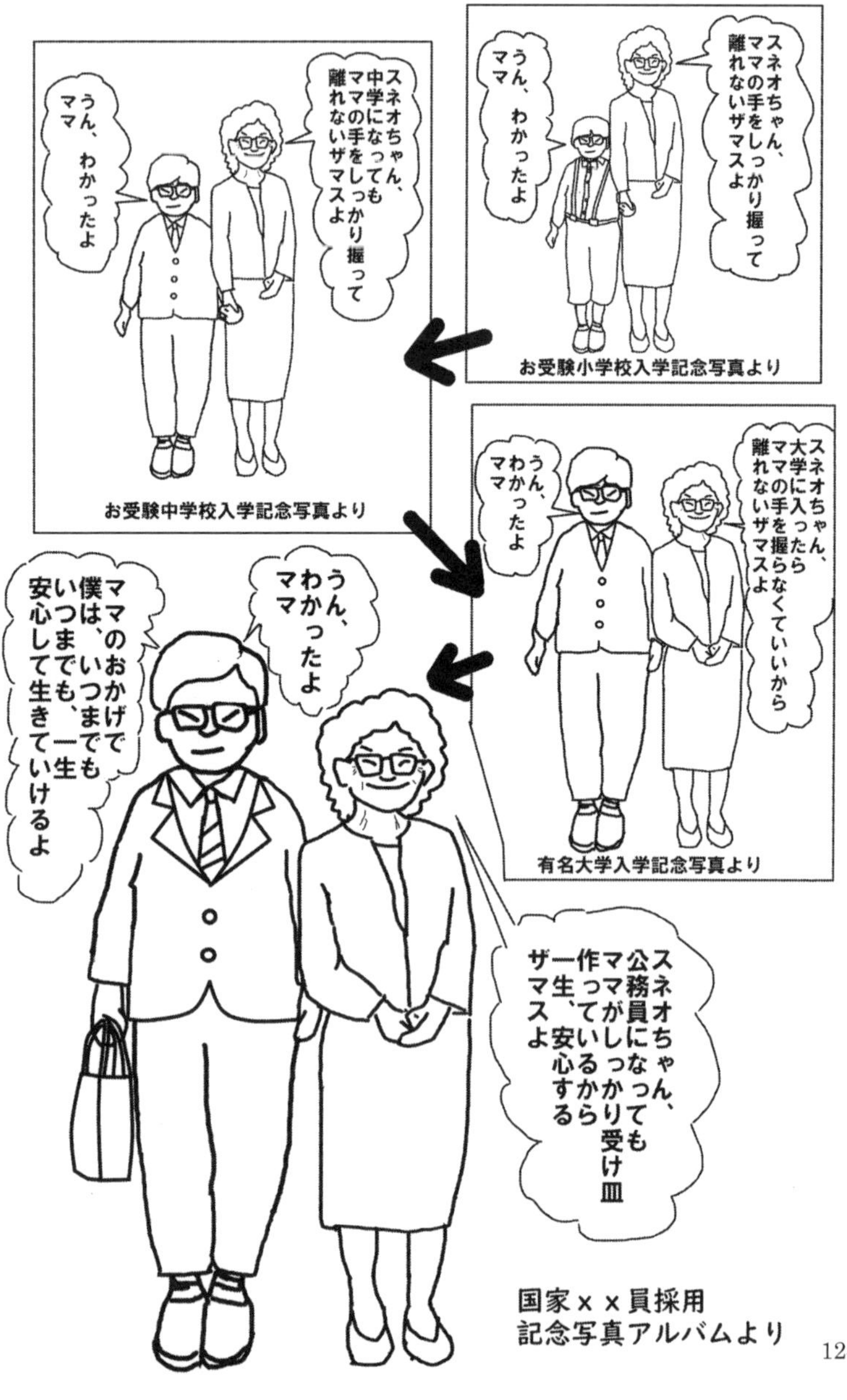
スネオちゃん、ママの手をしっかり握って離れないザマスよ
うん、わかったよママ
お受験小学校入学記念写真より
スネオちゃん、中学になってもママの手をしっかり握って離れないザマスよ
うん、わかったよママ
お受験中学校入学記念写真より
スネオちゃん、大学に入ったらママの手を握らなくていいから離れないザマスよ
うん、わかったよママ
有名大学入学記念写真より
スネオちゃん、公務員になってもママがしっかり受け皿作っているから一生、安心するザマスよ
うん、わかったよママ
ママのおかげで僕は、いつまでも、いつまでも一生安心して生きていけるよ
国家××員採用記念写真アルバムより

国が作った法人は第三のビールのようなもの？

仕事でたくさん汗をかいた後、家に帰って飲むビールは最高です。

財務省ウエブサイトの「身近な税」を見ると、ビール三五〇ミリリットル二〇〇円とした場合のビール本来の価格は一一五円程度なので、半分近くも税金を払いながら飲んでいるのだと考えると、本当に損した気分になります。

発泡酒や第三のビールと言われるお酒など、コンビニでも一〇〇円程度で買えてビール気分が味わえるお酒が出た時は、安くなる理由なんてさっぱりわからないけれど、お酒を造っているメーカーに感謝したい気分になりました。

ちょっとした工夫で「ビールではないけれど、ビールのようなもの」がある。

国が作った特殊法人と独立行政法人には「特殊な事業を行う」という国の正式な理由と

「公務員の受け皿」というテレビで言われる二つの理由を挙げましたが、それらを比べた時、僕には「特殊法人」と「独立行政法人」が第三のビールのような感じがしました。

つまり「公務員ではないけれど、公務員のようなもの」という存在です。

二〇〇九年の自民党のマニフェストには「官僚の特権を許さず、二〇一〇年までに八万人の国家公務員を削減し、天下りとわたりを禁止」という文言が書かれている通り、政治家も国民が公務員の数はとても多い事に不満を感じている事を知っています。

本気でやるかどうかは別にして、もし宣言している通り「八万人の国家公務員を削減し、天下りとわたりを禁止」した場合、本当に余計な人件費がなくなり、国の借金が減り、僕達や将来の負担も減るのでしょうか？

税金というみんなから集めたお金を、堂々と自分のポケットに入れる方法？

もう三〇年以上前の話になりますが、僕が高校生の頃、学校の帰り道にあった保健所の側を通ると、ポスターが貼っているのを目にしました。

何気なくポスターを見ると「××病気の撲滅《ぼくめつ》」みたいな大きな文字がイラストと同じくらい目立つように書かれていて、その一番下に「××協会」「〇〇協会」という文字が、一〇個近く小さな文字で並んで書かれていました。

三〇年近く前のことなので詳しい名前なんてとっくに忘れたけれど、当時のイメージとして覚えているのは、協会と書かれた名前は、たった一文字か二文字程度違うだけで、子供のような考えしか持っていなかった当時でさえ「名前がほとんど同じでまぎらわしく、よくお互いに間違えないな」というような奇妙な印象でした。

しばらくあとになって、特殊法人や独立行政法人への「渡り」についての話題をテレビで見ていた時、そのポスターが頭に浮かび「みんなから集めたお金を、自分の都合の良いように合法的に手に入れるために、似たような協会をたくさん作り、給与という形を通して、税金を堂々と受け取っていたのか」と納得しました。

「特殊法人　独立行政法人　ムダリスト」で検索すると、ある省庁の法人で働いていた方の実名入りの告発記事があり、テレビの報道以上に、税金として納められたお金を、堂々と個人的に使っていた内容もありました。

公務員は、大事なお客さま？

「渡り」による異常な税金のムダ遣いが、多くの人に知られることによってバッシングが起こり、昔に比べるとずいぶんと数は減ったようですが、それでも総務省のウエブサイトを見ると、この本を執筆している令和二年時点で、特殊法人と独立行政法人合わせて、およそ一二〇法人あるようです。

自民党のマニュフェストにある「八万人の国家公務員を削減」というのは「数を減らすことによってムダな人件費を減らして、今まで作った国の膨大な借金を少しずつでも返す」という意味を、国民の誰もが期待しています。

ところで、当然ながら公務員の方達も選挙権があります。

その選挙権がある公務員をあからさまに敵のような扱いをするのは政治家にとって決して良い事ではなく、公務員からもたくさんの票を集めたいと考えます。

国民からの印象をよくするために「国家公務員の数を減らす」と言う。

一方で公務員からの票を集めるために、表立って数を減らしたくない。

つまり「国家公務員」の肩書を文字通り減らし、その減った分を特殊法人と独立行政法人に移すと、国民には国家公務員を約束通り減らした、と思わせる事ができる。

その一方で「国家公務員」という肩書は失うけれど、特殊法人と独立行政法人へ異動させて、特別な法律によって、新しい身分の保障を与えられた人達からも、票を得る事ができる。

これが特殊法人と独立行政法人を作った第三の理由「公務員ではないけれど、公務員のようなもの」だと感じる理由です。

あえてニュースで何度も出てくる表現をマネして区別すると、公務員は「正規雇用」で特殊法人と独立行政法人は「非正規雇用」と呼べるかもしれません。

その第三の理由を考えた時「隠れ蓑」という言葉が思い浮かびました。

この言葉の意味をネットで調べると「本当の考えや姿を隠す手段」や「実体を隠すための手段」という言葉が出てきて、まさしくこれらの法人を表しているような気がします。

国が作った法人を民間会社に例えると？

正体がナントナクわかりにくく、ピンとこない「特殊法人」や「独立行政法人」を、民間の会社が一二〇社と置き換えた場合、とてもイメージしやすくなります。

一二〇社というと、ものすごい数の会社です。

一社で百人働いている、と想像しても、一万二〇〇〇人というたくさんの人が皆から集めた税金で給料を得ている事になります。

それから働く場所の家賃、机や事務用品にパソコン、照明や暑さを凌《しの》ぐために使うエアコンやトイレやキッチンで使う水道光熱費、あるいは休憩時間のコーヒーやお茶まで、働いている人達への給料だけでなく、場所代や消耗品など含めた分をイメージすると、とんでもない数の人達の給与や利用する色んな経費を払うために、国民は働いています。

僕は大工になる前にアルバイト生活をしていたので、正規雇用の人達だけで仕事を終える事が出来ないために非正規雇用を雇ったのだ、というのはわかります。
それと同じように、特殊法人や独立行政法人が良いか悪いかどうかという目線で見るのでなく、本当に必要であれば国が作った団体も、当然、あるべきだと思います。

僕が昔、ポスターを見たときのように、似たような名前の特殊法人や独立行政法人がたくさんあると、税金という名の経費を払っている立場からみると、そこに書かれている税金で作った法人すべてが、病気を撲滅《ぼくめつ》するために、白衣を着て、毎日ワクチンを作る研究を続けているというイメージを期待します。

僕自身だけでなく、たくさんの人の身内が病気で亡くなっています。
似たような名前の協会がたくさんあったけれど、ポスターを見た二〇年以上も経った今、あの当時に比べて日本の治療が劇的に変化した、という印象がありません。

それよりも「渡り」というやり方で、あちらこちらから高額の役員報酬だけを取っては辞め、取っては辞め、という事を繰り返している件で、国民からバッシングを受けたらいつの間にか消えてしまった協会がある事を聞くと、どう考えても本来のワクチンを作る研究を続けているとは思えないところで、大切な税金がたくさんムダに使われているイメージしか湧いてきません。

批判を言われたら、消しても影響がない怪しい法人まで勝手にバンバン作るような行動をするから、結果的に税金の無駄遣いが目立ってしまい、国にとって本当に必要な法人や、本気で研究している人達まで目の敵にされてしまいます。

色々な問題の中で、今、日本は「お金がない、お金がない」と国自身がいつも言っているような状態で、国民から徴収したお金を給料として受け取り働いている全ての人達を含めて計算しないと、本当の意味でムダを省く事は出来ない、と思えます。

限られた予算の中で、本気で政治家が国民のためを思ってムダを減らす場合のマニフェストの内容は「官僚の特権を許さず、ｘｘ年までに八万人の国家公務員を削減し、天下りとわたりを禁止」という言葉は「官僚や特殊法人や独立行政法人の特権を許さず、x年までに八万人の国家公務員や特殊法人や独立行政法人を削減し、それら全てを含めた天下りとわたりを禁止することによって、ムダな人件費と出費を削減することによって税金の出費を抑え、借金を返済する」という文言に置き換えなければ、ただの「絵にかいた餅」にしかならない、という気がするのです。

国会議員の給与、レッツ、カミングアウト？

元国会議員の方が「国会議員は年収の他に、領収書が全く必要のない文書通信交通滞在費というのを渡され、それが年に一二〇〇万円ある。ものすごい違和感がある」という、本人顔写真付きの記事を読みました。

テレビによく出る、別の有名な元国会議員の方は「国会議員は約二二〇〇万円の報酬、領収書抜きの経費一二〇〇万円、七二〇〇万円の自由な事務費、政党交付金から一〇〇〇万円の活動費を得ている」と証言しています。

ずっと秘密扱いだったような国会議員の給与が、高卒の僕でも判りやすいように実際に経験した方達から正直に語られるのは、とても貴重な情報です。

この正確な情報を元に話を進めると、国会議員は毎年二二〇〇万円の給料と二九二〇万円の手当があり、合わせると五一二〇万円受け取っています。

「給与」は自分の仕事の報酬から得たお金であり、仕事中に予想しなかった、どうしても必要な出費のために「手当」というお金があると思っています。

たとえば出先でタクシーを使わなければならない時は、とりあえず自分でお金を立て替えるので、これは正当な出費です。

携帯代もガソリン代も、仕事で使用するなら「手当」です。

そして、これらは必ず「領収書」という証拠があります。

ところが元国会議員の言葉にもあるように「領収書が全く必要のない」税金を、無条件で約三〇〇〇万円受け取っていると聞くと、仕事とは全く関係のない個人的に使っていると疑われても仕方のない大金を、国会議員は勝手に受け取っています。

一人当たり三〇〇〇万円の手当は「国にはお金がないので税金を上げ、色んな規則や法律を作って、徴収という形で国民からたくさんお金を集めよう」と必死になっている状況からみると、とても無視出来ないような金額でもあります。

「決まった金額が五一二〇万円受け取れ、ものすごい違和感がある」と発言した元国会議員の方は納税者目線に近い方だなと思いますが、逆にこのような発言をする方が珍しい国会議員って、どこまで国民の事を考えている人達として信用していいのかな、と感じます。

「税の国際比較」の違和感？

色んな政党の政治家を招待し、その時の話題にそってやりとりをしている、お笑いの方が司会をしていたテレビ番組をみていた時、与党に所属している大物の国会議員の方が、なんども外国と日本を比べた数値や事例を取り上げて説明しているので、どうして外国と日本を比べようとするのか、と司会者が質問していました。

その議員は「日本は民主主義になってまだ浅いので、民主主義の発達している外国と比べた方がわかりやすい」と答えていました。

消費税を始めた理由も「外国では当たり前のように消費税があるのだから、日本も外国と同じように導入すべきだ」という意味の説明を聞いた事があります。

国税庁のウエブサイトには「税の国際比較」という、外国と比べたグラフ付きのデータがあり、その内容から「日本は外国に比べて消費税率が低い。だから税率をもっと高くしても、外国から見ると常識の範囲内なのだ」というニュアンスが伝わります。

確かに国税庁の国際比較のグラフは判りやすいような気がしますが、そのウエブサイトを見たときには、ナゼか、ものすごい違和感がありました。

この章の初めに節約する時に一番大切なのは、お金を預かっている人自身が節約や切り詰めた生活ができるかどうかにかかっていて、その人に金銭感覚や節約する気持ちが無ければ、その人を支えている周りがどれだけ働いても、どんなに努力しようとも本当の節約生活はとても難しく、出費が続いて借金するようになり、家庭はやがて潰《つぶ》れるだろう、というような僕の考えを挙げました。

家庭では、財布を握っている人自身の小遣いを減らすことから始めています。

これは国でたとえると、政治家や公務員、あるいは特殊法人や独立行政法人などの立場にいる人達自身が、お金を切り詰めよう、という自覚と覚悟がなければ、国民がいくら汗をかいて働いても、いつまで経っても、借金を返せるはずがないのです。

僕が感じた違和感の正体は、その立場にいる政治家や公務員およびその関係団体が、節約や切り詰めた事を示す資料が、どこにも見当たらないからだと気づきました。

一度やったらヤメラレナイ、国会議員？

「国は借金を抱えているので、大変だよ」という説明については、子供向けの紙芝居のようにイラスト付きで説明しているので、僕にもわかりやすく「みんなで協力して、汗水たらして働き、お金をどんどん国へ払いましょう」というのが伝わります。

けれども税金を使う理由の一つである政治家や公務員や関係団体が受け取る給与や手当、他国と比べた給与比較、など国のウエブサイトのどこを探してみてもイラスト付きのわかりやすい資料が出ていません。

資料が欲しくて「国会議員 給与　国際比較」でネット検索すると、日本の国会議員の給与は、世界で一番高い給与である、というサイトが多く出てきます。

ところで、多くのサイトに出ている国会議員の給与の数字を見ると、およそ二〇〇〇万円です。

再び元国会議員の方がカミングアウトした数字を並べると、

●約二二〇〇万円の報酬（基本給）

●領収書抜きの経費一二〇〇万円（手当）

●七二〇万円の自由な事務費（手当）

●政党交付金から一〇〇〇万円の活動費（手当）

となり、毎年受け取る実際の給与は、合計五一二〇万円になります。

そもそも基本給だけで世界一なので、手当を含めた賃金で比べると、数か国分の給与をたった一人で得ている金額になります。

国民を騙《だま》すのは、とってもカンタン？

国の借金が増えている理由として「年金、介護、医療、子育てなど」に使う社会保障費が、年々増えるからだ、とよく聞きます。

それを解決する手段の一つとして、消費税は諸外国に比べて日本は低いという説明をしながら、税金を高く釣り上げています。

他国と比べて税金を上げる理由にするのであれば、出費の一つである国会議員や公務員、特殊法人、独立行政法人などの税金で給与を得ている関係者の国際比較がなければ、出費と支出の公平なデータが揃《そろ》うはずがありません。

それに加えて免許取得費用や車検などの国際比較の情報さえありません。

これらの説明さえないので、本気でお金の計画をしているのか、あるいは、しようとしているのかさえ伝わってきません。

さて、このような指摘をする場合に限って、それぞれの国によって条件が違うから政治家や公務員給与の国際比較をするのは間違っている、という声が聞こえそうです。

そもそも国によって条件が違うのは当たり前で、日本と全て同じ面積、同じ人数、全て同じ顔、同じ考え、そして全て同じ歴史を歩んできた国は、日本を除いてこの世に一つもありません。

条件が違うから比較が出来ないのであれば、全ての比較を止めるべきであり、比較をするのであれば、他の点においても比較をするのが筋だと気付きます。

つまり自分たちの都合の良いように情報を流しているのが、ここで気づきます。

正式な発表でありながら国の偏ったデータをそのまま載せている、という事は、ここでも二つの事を考えてしまいます。

一つは、偏ったデータと知っていて、発表している事。

この意味は、国は本気で借金を返すつもりはなく、ただ、ただ、税金だけを上げて国民を騙しながら、その場しのぎで毎日を過ごしている事。


もう一つは、偏ったデータだと、気付いていないこと。

こちらの意味は、優秀と言われる人たちが目の前の単純な事さえ気付いていないかもしれず、ただ「呆《あき》れる」という言葉以外、適当な言葉が見つかりません。

それに加えて、この行為が日本の優秀な人達によって作られているのだと考えると、とても残念で、日本の明るい未来なんてぜったいにやってこないだろう、と感じます。


どのような理由があれ、今、はっきり言えるのは、このデータが都合の良いように作られた偏《かたよ》ったデータなのだ、ということです。

このままの状態だと、どんなに税金を上げても、どんなに働いても、いつまで経っても借金など返せないのがわかります。

まるで口は達者だけれど、実際にピッチャーとしてマウンドに立たせ、ボールを持たせて投げさせたら周りが引くぐらいヘッピリ腰の投げ方で、ストライクどころかボールがキャッチャーまで届かないような人達を連想してしまいます。

他人へ説教している本人自身が汗水垂らした経験がなければ、選手の本当の辛さはわからないように、お金を管理している人自身が切り詰めた生活が出来なければ、いくら税金を上げても解決などできるはずがないのです。

5
選挙の意味

The Real Reason to Hold Elections

被害は八ッ場ダムだけ？

僕は旧民主党が政権を取るまで、八ッ場ダムのことを全く知りませんでした。

その当時、深い関心はありませんでしたが、二〇一九年の台風一九号で九三人というたくさんの方が亡くなり、八万棟というたくさんの家が被害にあったことを反省すべきところを、国会では自民党がこのダムの件で、まるで餌食《えじき》にするように旧民主党を責めていたのをテレビニュースで見て、改めてネットで調べてみました。

建設予定地に住んでいた多くの人達が最初はダム建設に反対していたようですが、補償金を受け取ったので反対運動をする人達が減っていった、という記事を見つけました。気になる補償金「住民立ち退き料」は、四七〇世帯に一二三六億円支払ったらしく、この金額を単純に世帯数で割ると、一世帯当たり二億六〇〇〇万円になります。

納税者の一年間の平均給与である四四一万円という金額を参考に計算すると、体力が有り余っている二〇歳から五八年間、若い時と全く同じペースで七八歳まで働いて得られる給料を、一度に受け取った金額に相当します。

借金してるけど、日本は平気だって？

財務省のウエブサイトに「日本の財政を家計にたとえると、借金はいくら？」というグラフ付きのわかりやすい資料があり、その中で報告しています。

「家計の抜本的な見直しをしなければ、子供に莫大な借金を残し、いつかは破産してしまうほどの危険な状況です」

この文章を読む限り、明日にでも日本は潰れそうな勢いです。

本当に日本は、借金で破産するくらい危険なのでしょうか？

僕には、とても信じられません。

なぜなら破産するような危険な雰囲気が、周りに全くないからです。

国民から集めたお金で造った豪華な保養施設を、赤字になったという理由で特定の民間業者へとても安い値段で売る、という問題が報道されたことがありました。

僕の地元にあった「いこいの村」は、公務員関係の方は年末でも格安で泊まれる場所らしく、テニスコートや体育館まで備え、高台の涼しい場所に建てられた景色にも恵まれた、僕のような建築関係者以外でさえものすごいお金をかけたとわかる宿泊施設でしたが、しばらくすると取り壊されてしまいました。

温泉施設がある豪華な建物の「かんぽの宿」も海沿いの場所にありましたが、そこもしばらくすると取り壊されていて、いつの間にか更地になっていました。

たくさんの人が利用しているとはとても思えない飛行場や、大金をかけて保養施設を建て、結局は儲からなかったという理由で格安で業者へ転売し、転売さえもできないくらい利用価値のない場所は取り壊し、更地にするために、再び、大金をかける。

このように国民から集めた大切なお金を、たくさんムダにしたはずなのに、誰かが責任を取った、という報道さえ一切なく、まるで問題は最初からなかったかのように「知らんぷり」で終わり、日本は未だに潰れていません。

せまい日本に
９８か所？
ほとんど赤字？
飛行場
管制塔
借金大好き！
借金へっちゃら！
いえ～～い！！
国民働け
いえーーい！！
カラオケ
自己採点
９８点
みんなから集めたお金で造った公共施設なのに
近くにないなんて、おかしくね？
保養所
宿泊
施設
のつもり
体育館
利用代金も
収入に合わせて
安くすべきだろ？
じゃないと
俺達
お金だけ取られて
一生
行けないぜ！
９３４２キロ歩けと言うのか！
ふざけるな！
熊も高速道路ないとクマるだろ！
国民は不満など
言わずに
黙って働き
税金払え！
道路が目の前に
たくさんあるのに
「歩けと言うのか」
だって
ビックリするね、
パパ
高速道路
人間って
変わっている
動物だろ？

テレビで報道された国のムダ遣いにつながる借金で絶対に外せないのが、元道路公団についてのことです。

現在はネクスコという名になっている元道路公団のウエブサイトを見ると「民営化の目的とその達成状況」という説明の中で「約三七兆四〇〇〇億円に上る有利子債務を確実に返済」という記事から、以前は三七兆四〇〇〇億円借金していたことが書かれています。

僕には全く想像のつかない「三七兆四〇〇〇億円借金」というお金が、一体、どれくらいの価値があるのか比べてみるために、財務省ウエブサイト「税の現状を知ろう」にある「財政の状況」という資料を参考にすると、もっとも税収が少ない平成二一年度で三八兆七〇〇〇億円という近い数字がありました。

この金額を参考にすると、日本国民全員が汗水垂らして一年間コツコツと一生懸命働き、国へ払った貴重なお金に相当する額を、元道路公団という、たった一つの団体で借金を作った、という見方ができます。

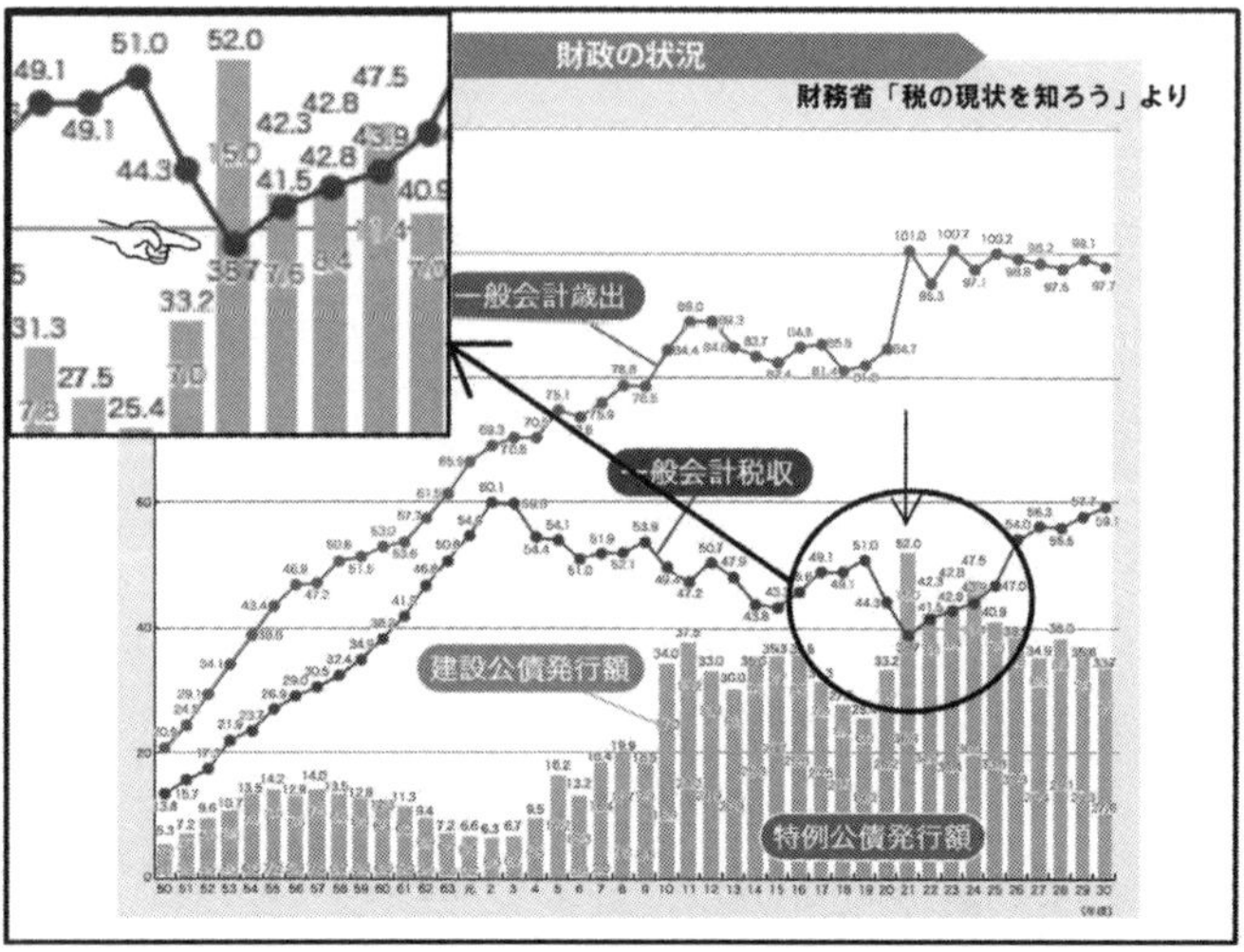

世界中に迷惑をかけたリーマンショックでは負債総額が約六四兆円だったようで、元道路公団が作った借金はその約六割にあたり、こうして比べても三七兆四〇〇〇億円というのは、世界中が驚いても全く不思議ではない金額だと気づきます。

お金の額から考えると、間違いなく国民が納得するようなペナルティーがあるはずなのに、関係者全ての給与の大幅な減給や退職金が返上された、あるいは降格された、などの報道は一切なく、まるで最初から何事もなかったかのように誰も責任を取らず「知らんぷり」で終わり、日本はまだ潰れていません。

ネクスコの記事には「借金を三七・四兆円

から二九・三兆円に減らした」とあり「借金を減らして、スゴイでしょ」というニュアンスの意味だけが伝わります。

この様子を見ても、やはり財務省が「日本は潰れてしまいますよ」というのは「大げさに言っているだけで、ウソをついているんじゃないの？」と思ってしまいます。

どれだけ借金しても日本は潰れない？

国会議員や公務員や関連団体が手にしている常識外れな給料と手当と受け取り方、豪華な施設を建てながら数年後に取り壊しても誰も責任を取らない出費、旧道路公団が作った常識外れの借金、たくさんの補助金を見ると「国は借金を抱えて大変だから、国民のみなさん、汗水垂らして働き、国へどんどんお金を払いましょう」と叫ぶ当事者が、危機感が全く見えない余裕のある行動をしているので、どうしても「たいへんだ」という本気度が伝わりません。

色々と納得できない内容をスッキリしたくて、専門家の意見を調べているうちに「借金があるのに国が潰れない理由」でネット検索すると、興味のある情報を得ました。

ユーチューブの映像です。


講演をしている方は閣僚を経験した政治家であり、経歴を調べると、ある有名大学の政経学部出身だそうです。

経歴や権威のある方で、この方以外にこのテーマを語るのにピッタリ当てはまるすばらしい方は他にはいません。

その方は演説します。


「日本は国民からお金を借りている。国民は国にお金を貸している」

「国民は借金をしているのではなく、国にお金を貸している」

「これは家庭内での貸し借りと同じなので、潰れない」

これが経済学では常識のようです。

この演説の内容を聞いた後「財務省　税の現状を知ろう」にある「平成三〇年度一般会計歳出・歳入の構成」というグラフから、国の予算をみてみました。

その年に組んだ予算「一般会計歳出」九七・七兆円の内訳で、国が国民からかき集めることのできるお金は「一般会計税収」五九・一兆円と「その他収入」が四・九兆円、足りない部分の借金にあたる国債「建設公債」「特例公債」の合計が約三三・七兆円です。

使うお金の内訳から「過去の借金を清算するため」は二三・三兆円、医療や年金や介護に使いたい「社会保障費」が三三兆円です。

経済学では常識といわれる家庭内の貸し借りという説明に沿って、母親と子供の会話風に僕の目線でアレンジして作ってみました。

母親。
旦那は建築関係の職人。
旦那だけの給料では家族を
養っていけないので
スーパーでパートをしている。
コツコツと貯めたお金で
息子を大学まで行かせた。
卒業した息子が
毎年のように
お金を借りにくるので
困っている。
息子。
こう見えて
ある有名な大学の
政経学部を
卒業したらしい。
商売をやっているのか、
やたらとお金を使っている。
そのお金を母親から
せびっている。
年収平均５０万円。
母親から、毎年のように
お金を借りている。
今まで母親から
借りたお金８０７万円。
本当は
１０００万円借りている
といううわさあり。
息子にかなり甘いという評判。
いつかは息子が立ち直ると信じている。
帽子を集めるのが趣味

母ちゃん、お金が必要なんだ九八万貸してくれよ
何言ってるのよお金はこの前貸したばかりじゃないそれに、前に貸したお金さえまだ返していないじゃない
大丈夫なのアンタのお金の使い方は？

ちゃんと考えてやってるよ！考えているから頼んでいるんじゃないか！ちゃんとするためにお金が必要なんだよ
な、だからまた九八万、貸してくれ
母ちゃんにしか頼めないんだよ
…………

仕方ないわね ほら、お金
ちゃんと考えて大事に使うんだよ
ありがと母ちゃん！恩にきるよ！
98万円

オレがちゃんと考えてお金を使っている証拠を見せてやるよ
今までの借金の一部二三万と
母ちゃんの病院代と老後のために三三万渡しておくよ
遠慮なくとっておいてくれ
何言ってるんだよいらないいよ
借金返済
23万円
病院、老後
33万円
使う金
42万円
くらい

いいから
いいから
取っておきなよ
ホント
ありがと！
親思いの良い子に
育ったよ
アンタは
チョロイな
家庭内の貸し借り
だから
いくらでも
金を引き出せるぜ
世間にバカ息子と
言われていることに
気づいていない親
バカ息子の自覚がない
バカ息子
借金返済
２３万円
病院、老後
33万円
金
う２万円
使４くらい
……というか、
息子をろくでもないバカ息子に
育てたことに気づいていない親

借金は国民のため？

国が消費税を上げる時に「今まで作ってきた借金を返すために上げる税金は、これからの世代に負担を残さないため」とか「年々、医療や年金や介護に使いたい予算が増えているから」と報道されます。

年金って、今までどうして払っていたのでしょうか？
老人って、突然、空から降って湧いたのでしょうか？

「人は生きていると病気になり、老人になり、いつかは死ぬ」ということを、以前は誰一人として気づかなかったようなことを言っているようで、とても高学歴や優秀な人の計画とは思えません。

財務省の「これからの日本のために財政を考える」という資料に「なぜ財政は悪化した

財務省「これからの日本のために　財政を考える」より

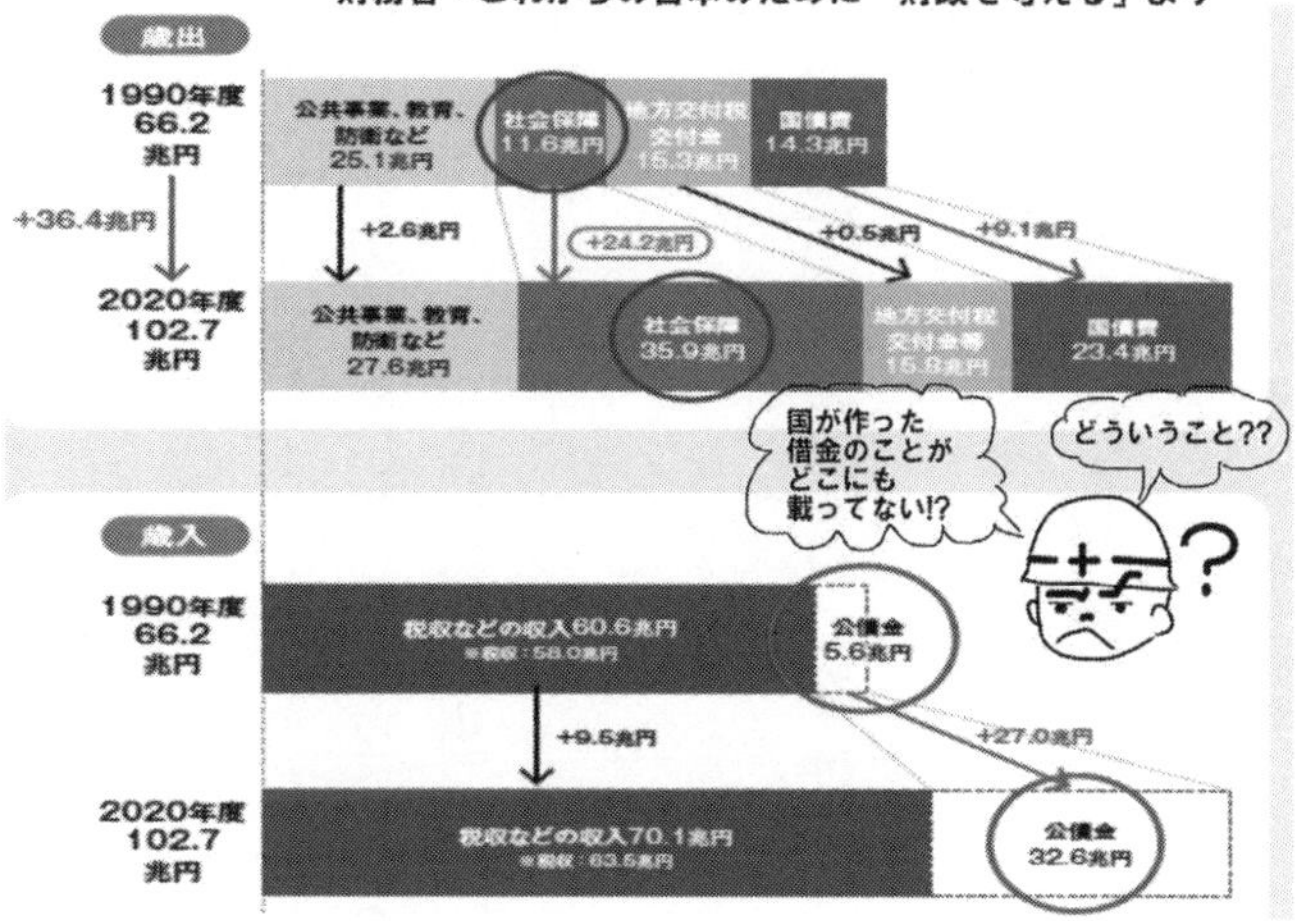

のか」という資料があり、一九九〇年度と現在を比べた歳出歳入のグラフがあります。

その内容を見ると社会保障費だけが目立つように説明しているけれど、とても理解できない人件費や補助金、豪華な施設を建てては投げ売ったり壊したりした建造物の費用、旧道路公団のような団体が作った一年間の国家予算に匹敵する借金などの説明が全くないので、財布を握っている優秀な人達が、身内でナニが起こったかを知らずに過ごしているような説明になっています。

これだと「人件費や補助金や赤字にした施設や、旧道路公団の借金や関係法人の渡りで得た手当などは、大きな問題だと、今まで一度も思ったことがない」という内容になっています。

そして社会保障費が増えた部分だけ強調し、まるで、

「あなた達国民が悪いから、仕方なく税金を上げるんだよ。だから、たくさん汗水垂らして働いて、たくさん国へお金を払ってね」

という内容の説明になっています。

国民は、ただ黙って働け？

「国は国民からお金を借りていて、家庭内での貸し借りと同じなので潰れない」という説明は「国がムダ遣いした分は国民からお金を取ればいいだけで、国民が何を言おうが、不満があろうが、それは大きな問題ではない」と言っているようにしか聞こえず、増税しても平気な気持ちが透けてみえます。

家庭にたとえると、お金を預かっている人自身が節約や切り詰めた生活をする、という「常識と基本」が国の計画から抜けているので、国民がどれだけ働いてたくさんのお金を払っても、いつまで経っても、借金問題なんて決して解決しないだろう、と感じます。

「国民はナニも考えず働き、グチを言わず、ただ税金を払っているだけでいいのだ」

そんな言葉が聞こえそうです。

そして実際にこの考えを持った人達の下で、今までの日本は動いてきました。

普通に考えると、このような考えを持つ方が国を動かしているという事実を知ると国民は大きな怒りを感じるはずです。

ナゼなら「借金を返すのだから働け、働け」と毎日のようにしつこく言われても、国民**はすでに毎日、一生懸命働いているからです。**

日本を動かしてきた人達は、あの手この手を使って納税者からお金をかき集めているけれど、**国民はすでに疲れているのです。**

借金は国民の意思？

どんなに優秀でも、たった一人で国を動かすことはできません。

そうなると議員一人がムダ遣いをしても平気という考えではなく、同じ政党に所属する多くの党員が一緒になって同じ考えをしているからこそ、新しい法律を作ることができ、増税ができ、国民からお金を湯水のように絞り取ることができます。

国を長い間動かしてきたのは、自民党です。

それでは自民党だけに責任があるのでしょうか？

自民党議員は、選挙で選ばれています。
つまり選んでいるのは、間違いなく国民です。
つまり自民党をずっと選んできた国民側が、働いても苦しい今の状況を作ってきたのだ、という結論になります。

心の底から愛している大切な人を殺した犯人は、見た目の怪しい他人じゃなく、実は近くにいる優しそうな顔をした人だった、なんてオチのアメリカのテレビドラマを見たことがあるけれど、僕達の周りにいる人達や企業が苦しい生活を作ってきた、という今の状況を考えると、そのドラマを連想してしまいました。

ここで疑問に思うのが、自民党を選んできた僕達の身近にいる人達は「別に税金が増えたっていいんだよ。周りが苦しくなっても全く気にしない」と本当に思っているのだろうか、ということです。

借金を作った政党を選んだのは私達だから、自民党を責めるのは間違いで、どうしても責めたいのであれば、選んだ私達や団体や企業を責めるべきなのだ、という気持ちで投票してきたのだろうか、という疑問です。

働いても、働いても、身の回りに溢《あふ》れている税金や手数料で生活が苦しいのは、それを作った政党ではなく、その政党を選んできた大人や年寄りを遠慮なく責めて下さい。

現在働いている周りの人ばかりでなく、無邪気に外で遊んでいる自分自身の子供や孫にも、彼らが大人になったら自分達が作ってきた莫大な借金を返すために、汗水垂らして、毎日、一生懸命働くように仕向け、明るい未来を奪ったのは、その政党を選んだ大人や年寄りが原因なので、この大人や年寄りを遠慮なくドンドン責めて下さい、という気持ちで投票してきたのだろうか、という疑問です。

旧民主党って、結局、何だった？

今回、この章を書くに当たって、旧民主党が政権を取った二〇〇九年当時のマニフェストを検索してみました。

読むのがウンザリするくらいビッシリと数ページにわたって書かれている最後に「民主党の五つの約束」があります。

以下は、その文章を抜き出したものです。

①国の総予算二〇七兆円を全面組み替え、税金のムダづかいと天下りを根絶。企業献金は廃止。議員の数を八〇減らす

②中学卒業まで一人当たり年三一万二〇〇〇円の子供手当を支給。高校実質無償化、大学は奨学金を拡充

③年金制度を一元化。月額七万円の最低金額保障。医師の数を増やす

④地方の財源を増やす。農業の戸別所得補償制度を創設。高速道路の無料化。郵政事業の見直しで地域を元気にする

⑤中小企業の法人税率を一一パーセントに引き下げる。月額一〇万円の手当で求職者支援。地球温暖化対策の新産業を育てる

いかにも誰もが喜びそうな文字が並んでいますが、よく見ると①だけがお金を節約している内容で、それ以外は国民へ大盤振る舞いで「これだけ援助する予定のお金をどこから持ってくるの⁉」というクエスチョンマークだらけの文章になっています。

このような内容の政策を本気で実行しようとしたら、余計に増税をしなきゃ、とてもお金を集めきれないだろう、と政治とは全く関係ない大工の僕でさえ予想できます。

自民党って、ナニ？

対照的に自民党の掲示した同じ年の公約を調べてみると、こちらも内容の全てを一度に載《の》せるとゴチャゴチャとしていてナニが言いたいのかさっぱり意味がわからなくなるので、まずタイトルだけを抜き出します。

大きく分けると五つです。

①国の仕組みを改める
②生活を支える
③社会を支える日本独自の仕組みを伸ばす
④誇りと信頼ある国家を伸ばす
⑤世界をリードする強みを伸ばす
各タイトルにはそれぞれ詳細な説明があり、できる限り簡単にまとめてみます。

①「官僚の特権を許さず、二〇一〇年までに八万人の国家公務員を削減し、天下りとわたりを禁止」「一〇年後には衆参両院で三割の議員を削減」
②「三～五歳時の教育費無償、低所得者の授業料無償、三年間で一〇〇万人の職業訓練支援と訓練中の生活援助、低年金対策強化」
③「税のあり方を改革し財源のない高福祉から中福祉と中負担、新しい教育基本法の理念をかたちにする、農地改革を断行し食料自給率五〇パーセント」
④「北朝鮮のミサイルや核の脅威から日本を守るため日米安保体制の信頼向上と国の安全保障体制の強化」

⑤「一〇年間で家庭の手取りを一〇〇万円増、三年間で四〇から六〇兆円の需要と二〇〇万人の雇用、中小企業の最先端技術をサポート、世界と闘える最先端技術の研究者を増加」

自民党のマニフェストも国民が喜びそうな内容が書かれていますが、よく見ると①だけがお金を節約している内容で、①と④を除いた以外は国民へ大盤振る舞いで、まるで今まで借金をしてきた反省が全くないかのような計画になっています。

ちなみに「二〇一〇年までに八万人の国家公務員を削減し、天下りとわたりを禁止」も「一〇年後には衆参両院で三割の議員を削減」のどちらも、いまだに実現していくような気配さえありません。

そして⑤の「一〇年間で家庭の手取りを一〇〇万円増、三年間で四〇から六〇兆円の需要と二〇〇万人の雇用、中小企業の最先端技術をサポート、世界と闘える最先端技術の研究者を増加」を読むと、どれもが一番必要な項目のように見えるけれど、どれも全く実現できていません。

こうして並べてみると、自民党も民主党も大して変わらない、同じレベルの人達が集まった団体なのだ、というのがわかります。

やっぱり日本に選挙ってムダだった？

僕が以前、選挙に行かなかったのは、選挙に行ってもどうせ国に変化がないので、わざわざ貴重な休日時間を使って投票へ行くほどの価値がない、と感じていたからだ、という理由を言いました。

国に変化がないと思った理由をいくつか挙げると、

●投票しなくても自民党
●投票に行っても自民党
●車検のような余計な集金システムを作っても自民党

●あっちこっちに道路や空港を作って大赤字でも自民党
●徴収した金で豪華な施設を作ったけど大損し、誰も責任をとらなくても自民党
●いつも決まった一部の団体だけを優遇して、批判を浴びても自民党
●第三セクターで建物を作り、大赤字になっても自民党
●税金をムダに使っても自民党
●借金を増やしても自民党
●借金を返すために税金を増やしても自民党
●集めた年金で何をしているのか判らなくても自民党
●税金を作るのに自民党
●税金を上げるのに自民党
●消費税を作るのに自民党
●消費税を上げるのに自民党
●子供からお年寄りまでお金を取り立てても自民党
●年々、間違いなく生活が苦しくなっても自民党
●年金を払って老後が苦しいとわかっていても自民党

●不景気になっても自民党
●景気が良くなったと思ったら、ただ忙しいだけで、国が取るお金がたくさんあるので苦しい生活は変わらないのに自民党
●失言しても自民党
●不具合が起きても認めず、しばらくすると「申し訳なかった。これからは襟を正します」というだけで済むのに自民党
●議員や官僚が不祥事を起こしても自民党
●議員や官僚が逮捕されても自民党
●テレビが批判しても自民党
●テレビが批判したら、放送権利をチラつかせて、批判放送を抑えてしまうのに自民党
●野党が何を言っても自民党
●野党がだらしなくて自民党
●毎回、与党は自民党

政治に全く関心のなかった僕でも、違和感があります。

その違和感というのは、炎天下で真面目に仕事をして税金を払っても、生活が楽にならないという気持ちからくる違和感です。

中途半端に毎日を過ごしていた？

ある日、親方の車に同乗して現場へ向かっている時、ラジオから「日本人一人当たり九〇〇万円の借金がある」というニュースが流れていました。

車を運転していた親方に、この件をどう思いますか、と意見を聞くと「ああ」という中途半端な返事で会話が終わりました。

気がつくと親方だけでなく、僕自身も「ああ」という中途半端な考え方の中で、毎日、暮らしています。

ラジオやテレビで国は借金があるから増税するのだ、というニュースが流れ、その金額として「一人当たり九〇〇万円の借金がある」と言われます。

でも、その公表されている金額が実際に受け取っている年収の倍以上あり、目の前で使っている生活費や年収とあまりにもかけ離れているので、正直いうと実感が湧きません。

一世帯当たり平均二億六〇〇〇万円払った住民立ち退き料、税金でキャバレーらしきものを作ったらしい「ふるさと創生事業」の三〇〇〇億円、元公務員の渡りで二年ごとに受け取った二〇〇〇万円と言われる未だに返金されない退職金、政治家や公務員の手当、旧道路公団が作った三七兆四〇〇〇億円という国家予算に匹敵する異常な赤字出費など、納得できない記事を読んでも、全く違う国で起こっている空想の世界のような気がします。

旧民主党が選ばれるまでの経緯を振り返ると？

今では悪いイメージしか残っていない旧民主党が、どうしてあの当時に与党として選ばれたのだろう、と僕なりに考えてみました。

僕にとってテレビを通して見る子供の頃からの政治家の演説というのは「モゴモゴ」と話してあまりはっきりと聞こえなかったり、逆にやたらと大声だけれどガサガサとしたダミ声で何を言っているのかわからなかったり、言葉を話すのに最初に「あ～～う～～え～～」とやたらと伸ばして、肝心の一言目が中々始まらないか、始まっても話の内容など、さっぱり理解できない印象しかありませんでした。

僕に学歴がないから政治家が何を言っているのかさっぱり理解出来ないのだ、と思っていた印象をすっかり変えたのが、小泉さんの演説でした。

テレビで小泉さんの話の上手さを紹介している話題を見かけることがあります。

その中で際立っているのが、なるべく短い言葉で相手に伝える「ワンフレーズ」という手法です。

小泉さんの演説で印象に残っているワンフレーズのリストのいくつか挙げると、

「郵政民営化」

「改革なくして成長なし」

「抵抗勢力」

「自民党をぶっこわす」

という言葉が思い浮かびます。

それまで「言っている意味がさっぱり判らない演説が、演説なのだ」という印象で過ごしてきた僕が、これらのフレーズで突然、マンガの主人公ように覚醒《かくせい》してわかるようになるはずがなく、言葉の印象だけで理解していたのだろう、と感じます。

まず「郵政民営化」という言葉の印象です。

あの当時に郵便局が民営化すれば本当に良いかどうかなんて、正直、全くわかりませんでした。

それではどういう風に理解していたか、というと、言葉の印象として「郵便局員は公務員で、公務員が多いのはムダだから、民営化すれば公務員が減って国のムダ遣いが減り、豊かな生活になる」というイメージを勝手に作っていたような気がします。

公務員がマジックのように大量に消えた？

小泉さんの首相任期が終わって一四年以上経ちますが、あるテレビ番組で当時の特集をやっていて「郵便局員というのはみなさんから集めた税金で給料を貰っているのではなく、もともと郵便料金などの収入で賄っていた」

「つまり独立採算だった」

「だから、郵政民営化しても、税金の負担が減る訳じゃない」

「郵政民営化によって確かに公務員の数は減ったけれども、そのお陰で今までのように増税しなくていい、という訳じゃない」

「小泉さんは、郵政民営化すればみなさんの税金の負担が減りますよ、とは、一言も言っていない」という解説を聞いて本当にビックリしました。

さらに驚いたのは、その番組に参加していた八名ほどいたゲスト全員が驚いていた様子から「僕だけでなく、多くの人が僕と同じように勘違いしていたのだ」ということです。

自民党を潰す救世主、やっと現る？

あの頃、小泉さんが成し遂げる政策によって国民の異常な徴収負担が減り、少しでも余裕のある生活になれるのだと、何となくイメージしていたのかもしれません。

他のフレーズ「改革なくして成長なし」「抵抗勢力」「自民党をぶっこわす」という言葉を並べてみると「やっと自民党が大きく変わるのだ」と思えてきます。

特に「自民党をぶっこわす」という言葉がはっきりとよく表していて、働いていても余裕のある生活を送れない僕にとって、これ以上、わかりやすい言葉はありませんでした。

野党によって昔から「金権政治」と言われていたように、これまで一部の団体だけを優遇し、僕が子供の頃から、あちらこちらからワイロを貰うニュースが毎年のように流れ、借金だらけにして税金を上げながら「国の借金は家族に借金をしているのと同じなので、大丈夫」などと余裕な態度で国を動かしている自民党を変えるリーダーがやっと現れたのだ、と期待したのだと思います。

つまり、自民党に対して多くの国民がウンザリしていたのだ、と思うのです。

その自民党を、やっと「ぶっこわす」ことのできる小泉さんが現れ、まるで救世主のように感じていたのではないでしょうか？

劇場を出た後の現実？

「小泉劇場」と呼ばれるほど話題を作った小泉さんの首相としての任期が終わると、大きな脱力感だけが残ったような感じになりました。

それは「今までの自民党をぶっこわして、ムダが無くなり、これまでを反省するように新しい日本に生まれ変わり、増税が減り、景気が良くなる」とイメージしていたはずが、全く良くならない失望感です。

働いていれば、幸せな人生を送れる、という期待が失われた感覚です。

「郵政民営化」「改革なくして成長なし」「抵抗勢力」「自民党をぶっこわす」という聞き心地の良かったこれらのフレーズからは「これから本当に日本が良くなるだろう」と連想したこちら側の勝手な思い込みだけで、実際には本当の意味での景気は良くならず、豊かな気分にもなれなかった。

まるでアクション映画を見ている時は、建物と建物の間を飛び、あるいは危険な岩山を命綱なしで登り、悪党をバッタバッタと倒して、事件を解決した主人公のように自分自身もハッピーエンドで興奮した気分でいるけれど、映画が終わって映画館から一歩外へ出ると、生活に追われるようにせわしなく歩いている大勢の人達と同じ方向に歩き、自分も生活に追われながら毎日生きているのだ、と、全く変わっていない現実生活に引き戻されたことに気づいたような感覚です。

旧民主党が選ばれた本当の理由は、消去法だった？

小泉さんの後は、安倍さん、福田さん、麻生さんとそれぞれ一年ずつ続き、あの当時は、誰が首相だかわからないくらい、コロコロと首相が代わりました。

小泉さんが首相当時は「景気が良くなっている」という報道を聞き、生活が良くなっていくと期待していたけれど、実際には国のどんぶり勘定は相変わらず続いていた。報道されたことと違い、国民の多くが汗水垂らしても、生活が全く良くなっていない現実に何かが違う、と気づき始めていたのではないでしょうか。

「自民党だと、このままでは日本がダメになる」という危機感があり、その流れで旧民主党が選ばれたのではないでしょうか。

つまり、あの当時に「積極的に旧民主党を選んだ」のではなく、このままの自民党では日本がダメになるから「仕方なく他の政党を選んだ」という「消去法だった」と思うのです。

それを旧民主党自身は「自民党に勝って、国民に選ばれた」と勘違いをした。

そして選んだ国民も「旧民主党を積極的に選んだ」と勘違いをした。

その勘違いにお互いが気づかないから、旧民主党の前にはどんなことが起こったのかさえ忘れているような気がします。

熟練者が小さな子供をバカにする？

型枠大工をしていると、仕事は一〇年間経験すると、とりあえず一人前になれるかな、という印象があります。

自民党は一九五五年から「与党」という仕事をやり始めました。

この本を書いている二〇一九年までの六四年間に他の政党が仕事をしたのは、新進党の約三年間と民主党の約三年半なので、その期間を除くと、五七年間というものすごく長い期間「与党」の仕事をしています。

かつての社会党や、現在も続いている公明党との連合政権時代もありますが、それらも含めて、ずいぶんと長い期間、第一線で日本を動かす仕事をしてきました。

仕事というのは一〇年間でベテランになるという印象からすると、五七年間という経験年数はベテランの域を超えた「マスター　オブ　ベテラン」とも言え、国を動かすことに関してはプロフェッショナルの集団だ、という見方ができます。

一方の旧民主党は約三年半なので、人に例えると、ヨチヨチ歩きからやっと卒業した程度の経験年数です。

五七歳のいい大人が幼児に向かって「恥を知れ」などというのは型枠大工の世界では聞いたことがなく、むしろそのような経験を経ても周りに迷惑をかけるようであれば、黙って仕事を後輩にゆずるか、自ら現場を去っていくのが常識のある熟練者としての態度です。

責任転嫁の天才とタダの世間知らず？

前回の参議院選挙の際、「旧民主党の時代に戻すな」という演説を何度もテレビで見ましたが、借金を作ってきた政党自身が、今まで問題を全く起こさなかったかのように振る舞っています。

つまり、問題をすり替える能力に長けているだけなのに、その演説を何の疑問も持たずに、ただ黙って頷《うなず》いて聞いている人がたくさんいます。

一方の旧民主党は、前回、自分達の実力で選挙に勝ったつもりなので、大風呂敷を広げて国民に猛アピールをしながら国を動かしたけれど、自分達が考えていたのと現実にやってみるのとでは、大きな違いがあった。

政権を取れば色んな問題を簡単に処理できるだろう、と安易に予想していたのが、実際にやってみると想像以上に大きな問題だらけで、結局は処理など出来ずにバタバタ、ウロウロと、無意味に動いていただけの印象です。

政権を取った勢いで「事業仕分け」など、テレビを使って目立つようなパフォーマンスまでしたけれど、実際には大きなこともできずに、最後は匙《さじ》を投げるように政権を放棄したので、今さら反論もできなくなっている。

最後には党自体が空中分解し、それこそ「ジ・エンド」になったはずなのに、残党が必死になって、ゾンビのように地面を這《は》っているように見えます。

国は借金を踏み倒すつもり？

五七年の間、日本を動かす仕事をしてきた大、大、大ベテランの自民党の出した結果が、最近では「一人当たり九〇〇万円の借金」という発表があり、国はあの手この手で国民からお金を取っているので借金は減っていくはずなのに、まったくそのような雰囲気がなく、年々増えているニュースしか聞きません。
その額は、国税庁が発表している納税者一人当たり平均年収四四一万円の、およそ二倍です。

国自身が作った「個人が借金できるのは年収の三分の一までに抑えなければならない」という制度から見ると、国が借金できる限度は国民一人当りおよそ一五六万円なのに、その六倍近く借金を背負っています。

国自身が作った規制と照らし合わせると、どんなに国があの手この手で国民からお金を徴収しても、国の借金など返せるはずがありません。

いつ自己破産してもおかしくない状況の一方で、僕は親方と同じように「ああ」という中途半端な考えの中で生活しています。

できる限り面倒くさいことは避けたいし、できればしたくない、と思っています。

けれどもこれは僕や親方だけでなく、多くの人が同じような気持ちの中で生活しているような気がします。

借金は勝手に消える？

大工を始めた新人の頃は、釘を打つ時に、間違えて金槌《かなづち》で指を叩く時もありました。

金槌で指を叩くと爪は充血し、一週間程度で剥《は》がれます。

他の多くの人と同じように、僕も自然治癒力というのを信じています。

人の身体には自身で病気を治そうとするチカラがある、というものです。

それを信じているので爪が折れたり剥がれたりしても絆創膏《ばんそうこう》を貼って自然に治るまで待っています。

もちろん信じているのはケガの度合いによるもので、骨折や熱中症などで倒れたなどの大きなケガや病気の時は、放っておいて自然に治るのを待つのではなく、病院へ行き、お医者さんに診てもらいます。

ユーチューブで「国がどんなにお金を使おうが、それは家庭内の貸し借りと同じ」という大物議員の演説の内容に呆《あき》れたのは当然ですが、そのトンチンカンな内容以上に、それを静かに頷きながら黙って納得して聞いている周りの人達を見て、気味の悪い映画を見ているような気分になりました。

似たような内容を説明している別の動画もあり、そこでも専門家らしき高学歴の評論家が「日本には資産があって、ギリシャのように潰れない。ギリシャは外国から借りているから潰れたけど、日本は国内での貸し借りなので潰れない」と似たようなことを話しています。

これを聞いていると、まるで救急車で運ばれた重体患者を目の前にして「人間には自然治癒力があるから、何もせず放っておいても、そのうちに切れた指や足は勝手にくっつくんだよ」と医者が言っているようにしか聞こえません。

そして不思議なことに、ここでも有名な司会者が、トンチンカンな内容を涼しい顔で話す専門家の説明を、何の疑問も持たずに、納得して聞いています。

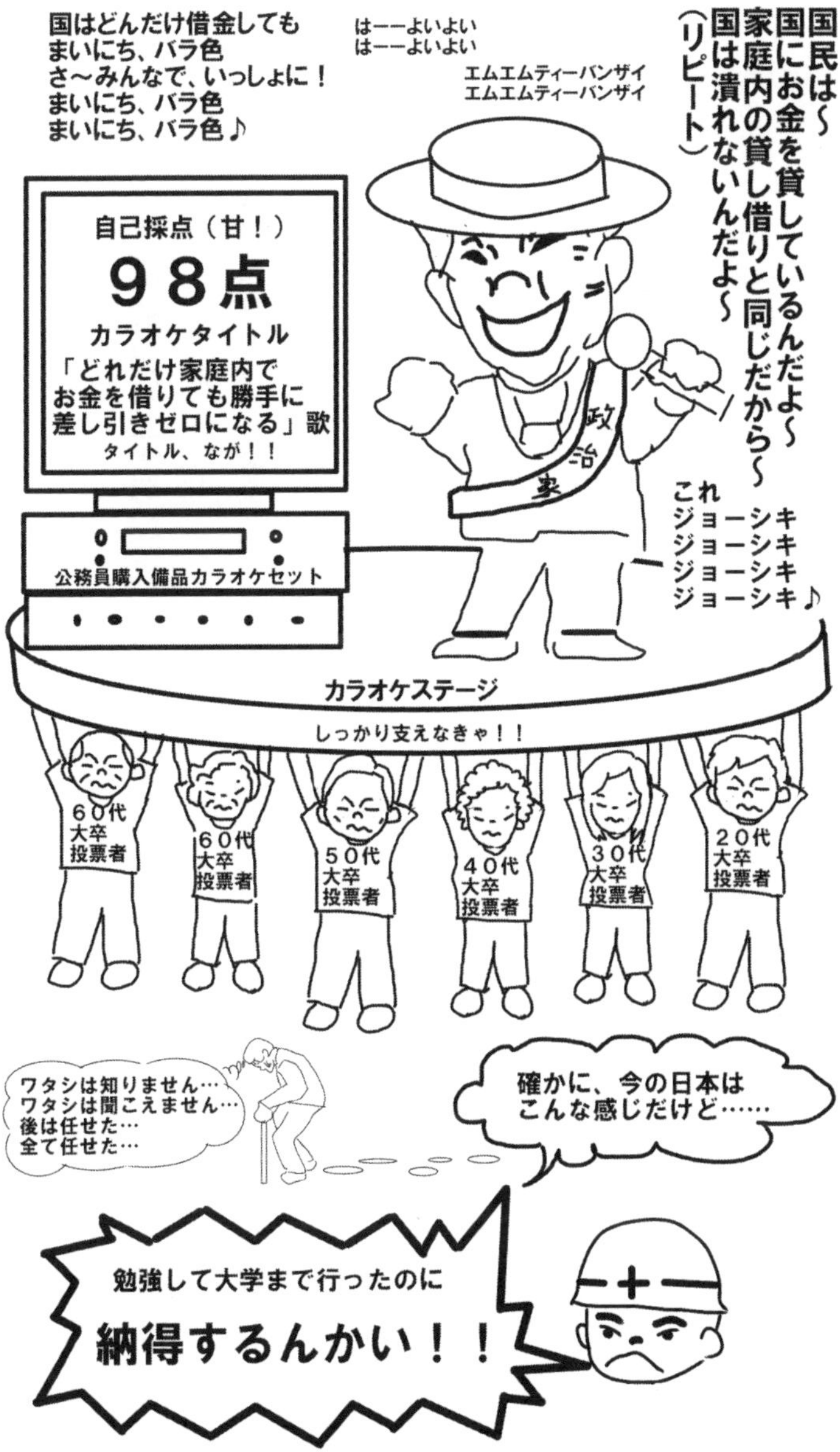
国民は～
国にお金を貸しているんだよ～
家庭内の貸し借りと同じだから～
国は潰れないんだよ～
（リピート）
はーーよいよい
はーーよいよい
エムエムティーバンザイ
エムエムティーバンザイ
国はどんだけ借金しても
まいにち、バラ色
さ～みんなで、いっしょに！
まいにち、バラ色
まいにち、バラ色♪
自己採点（甘！）
９８点
カラオケタイトル
「どれだけ家庭内で
お金を借りても勝手に
差し引きゼロになる」歌
タイトル、なが！！
政治家
キキキキ
シシシシ
ーーーー
ジョ ジョ ジョ ジョ
これ ジ ジ ジ ジ♪
公務員購入備品カラオケセット
カラオケステージ
しっかり支えなきゃ！！
６０代
大卒
投票者
６０代
大卒
投票者
５０代
大卒
投票者
４０代
大卒
投票者
３０代
大卒
投票者
２０代
大卒
投票者
ワタシは知りません…
ワタシは聞こえません…
後は任せた…
全て任せた…
確かに、今の日本は
こんな感じだけど……
勉強して大学まで行ったのに
納得するんかい！！

オウム真理教は日本の縮図？

オウム真理教事件では、学歴がありそうなたくさんの人達が、何の疑問も持たずに麻原彰晃の言葉を信じ、彼についていったという報道がされていました。

税金で苦しんでいる人達が周りにたくさんいるのに、目の前の現実には目を向けず、政治家や経済の専門家らしい人達の堂々と話す意見だけを聞いて、疑問も持たずに納得して聞いている様子を見ていると、僕にはオウム真理教を信じていた人達と同じ人を見ているような気がします。

大事件を犯したけれど、それに気づかないでいる優秀な人達がいる。

このような何となく納得できない「モヤモヤ」とした気分を抑えきれずに、僕はこの本を書こう、という気になりました。

その理由は、ナンダカンダ言って、結局は学歴のある頭の良い人達が国を動かしているから、僕のような人はその人達を頼るしかないからです。

頭の良い専門家に、苦労している国民が周りに溢れているのに「日本には資産がたくさんあるから大丈夫」などと余裕で言って欲しくないのです。

毎年のように増税しなくても済むように、その「賢い頭」で導いて欲しいのです。

どんな職業であれ、どんな立場であれ、働いて税金を払っているのであれば、豊かな気分でできる生活を、その「賢い頭」で導いて欲しいのです。

やっと小遣いを貰い、一〇円玉を小さな手で握り締め、小さなお菓子を買いに来た幼い子供から一円でも多くお金を取る仕組みを考えた集団が、それを当たり前のように平気な顔をして見ているのは「ズルくて、セコくて、卑《いや》しくて、間違っているのだよ」と、気づいて欲しいのです。

雨が降ってきた時
知者は雨を理解する
賢者は傘を差す
クエ～
クエ～
目は悪いが
美人だけ
よく見える
ポアね
ポア
おお～
お～～スゴイ！
神だ～～～～～
一体、どこで
この言葉を覚えたんだ？？
神の化身だ！
口が達者だ！
天才だ！
大卒
大卒
大卒
大卒
大卒
大卒
大卒
大卒
大卒
大卒
大卒
大卒
大卒
大卒
大卒
大卒
大卒
大卒
雨が降ったら
傘を差すのは
小学生でも
わかるわい！！
結局
ナニが言いたいのか
さっぱりわからん
どこのどいつだ！
オウムに変な言葉を
教えたのは！！
オウムには
「こんにちわ」
のあいさつだけ
覚えさせろ！

日本人の昔からの性格？

ＮＨＫの「ファミリーヒストリー」という番組に、仲代達也さんがゲストで出ていました。

二〇一九年で八七歳だそうです。

僕にとって仲代さんは映画で活躍しているバリバリの現役というイメージがあったので「八七歳」という年齢を聞いて、とてもビックリしました。

仲代さんは、戦争を経験している貴重な方です。

番組でも自身の戦争体験を話されていました。

その中で印象に残っているのが、この世の悪魔のように散々言っていたアメリカに対して、戦争に負けた途端、たった一日で、まるでエサを見せられて尻尾を振りながら近づく無邪気な子犬のように素直に従っていく周りの大人の様子を見て、子供ながらに異常さを感じ、こう思ったそうです。

「大人というのは、信用出来ない」

アメリカという敵を倒すため、大人の男性は、まるで誰かの捨て駒のように全て戦争に狩り出され、子供であった当時の仲代さんは、目の前にいる数名の女性の先生に従って、空爆から逃れるため、あちこちへ逃げたそうです。

家を守ると言って避難しなかった母親と、遠く離れて生活をしなければいけない。周りに言われた通りに従っているけれど、大人達が戦争をしているのに巻き込まれて死ぬかもしれない、という怖さと、それに振り回されて母親と離れて過ごさなければいけない寂しさのあまり、寝小便を何度もやったそうです。

怖い思いと、寂しい思いをしながら、散々振り回されて命の危険を冒しながら、それでも命令に従って信じて過ごしてきたのに、戦争に負けた途端、まるでこれまで何もなかったかのように平気な顔をして、昨日までとは全く反対のことを言っている。

「大人というのは、信用できない」

解剖学者で有名な養老孟司さんが子供の頃に戦争を体験していて、全く同じような言葉をユーチューブで言っています。

「大人というのは、信用できないもんだ、と思った」

オウム真理教事件でも学歴のある頭の良いと言われる人達が、何の疑問も持たずに麻原彰晃についていき、多くの人を犠牲にするまで行動を止めませんでした。悪魔のような指示をした非道な麻原彰晃を守るため、最後まで必死になって抵抗するようすが、テレビのニュースで流れていました。

そして以前よりは目立つような活動はできなくても、今でもその団体が残っているような報道が流れています。

「世界の大卒比率、国際比較」というネットからの資料で、二〇一七年に人口の五一パーセント以上の方が大卒相当レベルというデータを参考にすると、日本は二五歳から六四歳に当てはまる人達の二人に一人は大卒相当レベルで、世界から見ても日本はとても優秀な人達に囲まれた恵まれた国ということがわかります。

テレビに出る芸能人も、道を歩いていても、たくさんの大卒レベルの人でこの国は溢れているようです。

戦争に参加して、国のために死ぬのが美徳と教育され、戦争に反対するようなら逮捕される人もいた、と言われたあの当時に比べると、今は僕のような高卒でさえ、戦争は悪いのだ、と教わりました。

あの頃と今の時代を比べると、教育の差にものすごく大きな違いがある恵まれた時代に育っているのに、借金地獄という病気に慣れてしまい、病院内をウロウロと歩いて、退院するのを忘れてしまっている患者のような気がします。

まるで患者に薬をたくさん与え、高額の医療費だけを受け取り、積極的に治療しようとせず、儲かっている病院に入院しているようです。

独裁政権が長く続くと必ず通る道とは？

有名な自動車会社の幹部が、会社のお金を私的に使った罪で逮捕されました。

赤字でとても困っていた会社を立て直した救世主だと思っていた人が、会社のトップに居続けている間に、いつの間にか複雑な仕組みを作って、お金を使い込んでいたという報道がされています。

長い間、同じ政党が国を動かしたために、一般会計と特別会計という、理由がスッキリしない複雑なお金の仕組みを作り、それに合わせて集める仕組みも複雑になっているので、国民が真面目に働いても、どんなに働いても、常に「お金がない、お金がない」という状況になっています。

国民には複雑で誤解を招く二重帳簿は罪だ、と言いながら、国は二重帳簿を平気で使っている。

借金できるのは年収の三分の一までに抑えなければならない、と決めながら、国自身はそれを超える借金を作り、何の疑問も持たずに平気でいる。

特定の人達が長い期間トップに居座り続けると、まるで「オレのお金はオレのモノ、アンタのお金もオレのモノ」と言わんばかりに、国民がギリギリで生きていても平気で過ごしている雰囲気が伝わってきます。

お金を管理する当事者である財務省が言っています。
「家計（国）の抜本的な見直しをしなければ、子供に莫大な借金を残し、いつかは破産してしまうほどの危険な状況です」
けれども抜本的な見直しが必要というわりには、過去の対策を何もしていません。

つまり、お金を使いたいだけ自由に使っているわりには、使った分の責任を取っていないので、借金が増えていく原因を理解していないようです。

どんな事実を並べても、結局は会社であれ国であれ、特定の人達が長い期間、自由にお金を動かせるような地位に居続けるのは良くないことなのだ、と感じます。

暴走した者を止めるのは強敵だけ？

僕はマンガの『ドラゴンボール』が大好きで、個人的に好きなのは、悟空が宿敵フリーザとナメック星で戦っていたシリーズです。

手元にコミックがないため僕の記憶の中での内容になりますが、事件が起こっている遠い場所にあるナメック星へ、悟空は特別な宇宙船で地球から向かいました。

移動している時間さえムダにしないために、宇宙船の中で相手を倒すために特別な訓練をしていた悟空は、ナメック星へ到着する頃には、地球から出発した頃と比べ物にならないパワーを持つようになり、現地で戦っていた味方もまったく歯が立たなかった敵の子分達を、それこそ「赤子の手をひねるように」簡単に倒しました。

このような誰でも倒せるような圧倒的なパワーをつけた悟空でさえ、いざ敵の親分であるフリーザには、勝てませんでした。

悟空がフリーザを倒すことが出来たのは、伝説のサイヤ人へ変身することが出来たからです。

フリーザにとって自分と同じようなパワーを持っていない他人は、まるで虫けら同然のようにしか感じていないようで、悟空の大切な友人であるクリリンを、フリーザは手を触れずに念力だけで肉体を跡形もなく粉々に吹き飛ばし、ニヤニヤ笑っただけで、死んだことを何とも思っていません。

国民が一生懸命働いて払った大切なお金を、自分達の都合の良いように複雑な仕組みを作って使うというのは、国民のことを大切に扱おうという気持ちが全くない、間違えた考えを持った人達が暴走している状態のように見えます。

悟空がサイヤ人になってようやくフリーザを倒すことができたように、好き勝手に他人を支配し、ニヤニヤと薄笑いを浮かべながら暴走している人を倒すには、同じようなパワーを持った人が必要なのだ、ということがわかります。

隠しているモノを曝《さら》け出すことができるチカラというのは、同じパワーを持った人だけになります。

政治家がパワーを持っているのは、選挙で国民によって選ばれたからです。

こう考えると、やはり選挙が大切ということになります。

そして暴走した一つの政党に大切な日本を任せるのではなく、暴走を止めることのできる強敵が必要だと感じます。

アメリカのイメージとは？

最近「日本はスゴイ」という自画自賛番組が増えています。

まるで「見て、見て！　私ってスゴイでしょ！　スゴイでしょ！」というセリフを連発しながら自慢しているようで、何となく恥ずかしい気分にもなるけれど、多くの人に求められているからこのような番組があるので、裏を返すと、日本という国に自信がないから、このような番組を通して自慢したい気持ちがあるのだろう、と感じます。

日本はずっと、アメリカ合衆国についていっています。

あまり良い例えではありませんが、アメリカが「右を向け」というと右を向き「左を向け」というと左を向く政策が、ずっと行われてきました。

この様子を見ていると歯がゆい気はしますが、政治家は選ばれたので「歯がゆくても良いからアメリカの言った通りに従い、言われた通りについていく」というのが選んだ側である国民の意思、という見方もできます。

学校の教科書で習った範囲で考えると、第二次世界大戦後、中国や旧ソ連ではなくアメリカについていったから、戦後の焼け野原の状態から、今の日本の繁栄があるのかな、と僕は思います。

いくら「日本人は真面目に働く」と言われても、中国や旧ソ連に占領されていたら、今の日本の状態はなかった可能性の方がイメージしやすいからです。

こうして比べると、アメリカは良い面や悪い面があれ、日本にとって先生みたいな存在なのかな、と感じます。

まず良い面を見ると、世界中の人が手にしたくなるような便利な道具を作り出して世の中に広めたことです。

僕にとって色んな情報が引き出せるインターネットはそのうちの一つで、この本もパソコンとインターネットが無ければ、仕上げるなんてとてもムリでした。

あるテレビ番組で、水事情がとても悪い国にいる多くの人がスマホを持っているのを見て、生きていくうえで大切な「水」よりも、スマホの方が生活に溶け込んでいるような印象があり、人々が目の前の異常さを忘れてしまうくらい便利な道具を作り出すことのできる、アメリカという国の発想の豊かさが伝わります。

反対に悪い面を見ると、犯罪と人種差別問題、それに頻発《ひんぱつ》する街中での暴動と銃社会で人が街中で殺される事件、他国への容赦《ようしゃ》ないミサイル攻撃など、国内だけでなく国外へも影響を与えるニュースが時々流れ、日本で普通に生活している限り、映画やドラマの世界でしか起きないだろうと思われるような滅多にないゴタゴタがあちこちに転がっている印象があります。

中国のイメージとは？

アメリカ以外に影響のある大きな国に目を向けるとロシアと中国が思い浮かび、その中で「中国脅威論」という言葉をこの数年で何度も耳にするようになりました。

今の若い人は信じられないかもしれないけれど、三十年くらい前の中国というと、大多数が同じ服を着て、粗末な家に住み、粗末な食事をしている、という映像をテレビで見ていましたので、裕福からはほど遠いイメージしかありませんでした。

その当時の中国人は、出稼ぎのために日本へ来ていたという印象だったのを覚えています。

新型コロナウイルスの影響でだいぶ減りましたが、ついこの前まで街中を歩いている時に中国語を話している方向を見ると、出稼ぎより、観光旅行目的で日本に来ている中国人を見かけるのが珍しくありませんでした。

その人達が着飾っている服を見ているだけで、彼らの裕福さが伝わります。

テレビを見ても、札束を振りかざして「爆買い」して金を払う、大金を持ち歩く国民のイメージがすっかり定着して、僕が知っていた昔のイメージとはとても大きな違いです。国自体も軍事力、財力、共にあり、国外にも影響を及ぼしているような報道が、毎日のように流れます。

「WHOが発表した二〇二〇年版の世界保健統計」によると中国の人口はおよそ一四億三五六五万人、アメリカはおよそ三億二七一〇万人で、中国はアメリカの四倍以上多くの人がいます。

中国には共産党以外の政党もあるようですが、中国の憲法で「共産党が国家や社会を指導する」と明記されているらしく、その内容から共産党という一つの政党だけで国を動かしていることがわかります。

時々テレビで中国の国会にあたる全国人民代表大会の映像が流れますが、共産党のトップに権力が集中している印象しか伝わってきません。

その映像から伝わる中国トップの印象は、大きな国の王様が国民を牛耳っているような雰囲気です。

王様が一四億以上の人に命令できるなんて、同じ顔の軍隊が大行列を組んでドンドンとこちらへ向かってくるアニメを連想させるようで、まさしく脅威を感じます。

そして現在の中国は他国に対する発言力も増し、フィリピン近くの島で勝手に軍事基地らしきものを作り、日本に対しては、中国海警局が沖縄尖閣諸島沖でたびたび領海侵犯している、という報道がされると、本当に脅威です。

時々、人口が多い国は潜在能力が高い、という言葉を聞きます。

これを単純に受け取ると、中国はアメリカより四倍も大きな力を持っている、という意味になりますが、その「脅威」と言われる中国でさえ、四分の一の人口しかいないアメリカに気を使っている様子が伝わります。

中国とアメリカのそれぞれの「差」ってなんでしょうか。

この「差」を「国を動かしている仕組み」と考えた時、それぞれの国を動かしている人達がどうやって選ばれているか、という点を考えたくなります。

ここで出てくる言葉が「選挙」です。

国の代表者が国民の気持ちとは関係なく、勝手に決まる？

中国はとても国民に開かれた選挙があるような雰囲気はありません。開かれていないということは、あるグループが国民の意思とは関係なく、勝手に代表者を決めていることになります。

一方のアメリカ合衆国には選挙があり、アメリカ大統領は国民によって選ばれます。日本とアメリカは仲の良い国という印象があるとはいえ、実際にはお互いの国は遠く離れているにもかかわらず、アメリカ大統領選挙となると、まるで私達自身が行う選挙のように、日本でも連日のようにテレビやラジオから報道されています。

日本の国会議員は選挙を通して、国民によって選ばれた人がなります。ただし国の代表を決める選挙については、アメリカ大統領に選ばれる人はアメリカ国民の意思が直接反映されているイメージがありますが、日本の首相に選ばれる人は、与党内の仲間同士がいくつかのグループを作り、その中で人数の多いグループから首相が勝手に選ばれています。

こうして見ると日本の首相は密室で決められていて、そこには国民の意思など、直接反映されていません。

「国のトップが国民の意思とは関係なく、勝手に決められている」という点で見ると、中国と日本はとても似ています。

アメリカの代表者は国民の意思が反映されている？

歴代のアメリカ大統領を見ていて、とても感じることがあります。

それは「他の誰がなんと言おうと自分達が選びたい人を選んでいる」という点です。

トランプ大統領がとてもわかりやすい例で、トランプさんとヒラリーさんの選挙戦をテレビで見ていたら、どう考えてもヒラリーさんが大統領に選ばれると、ほとんどの人が思ったのではないでしょうか。

テレビで大統領選挙を見ると、競争相手の弱点をお互いに言い合っている場面もありますが、やっぱり演説というのは、人々の心を打つような演説を期待し、上品な内容であればあるほど良い評価を受けます。

ところが、トランプさんの選挙戦での演説は「メキシコの負担で国境に壁を建てさせる」とか「地球温暖化はでっちあげ」とか「イスラム教徒は当面、入国禁止」など、時には非現実的な、時には多民族で成り立っている国の代表とは思えない人種差別的な発言や挑発的な内容で、上品からはかなり程遠い演説内容でしたので、とても大統領に選ばれる素質が無いイメージしかなく、そのムチャクチャな演説をしていた方が大統領に選ばれた時、世界中の人が驚いたのではないでしょうか。

実をいうと僕は、オバマさんが前の大統領に選ばれた時も驚きました。

その理由は、アメリカというのは今でも時々、日本では信じられないような暴動のきっかけになるほど、人種差別問題が残っている印象があるので、どんなに人柄が良さそうでも、オバマさんが大統領に選ばれるのは難しいだろう、と予想していたからです。

日本人目線で考えると、日本はアメリカのような暴動が起きるような人種差別は無いけれど、一部の在日外国人、特にアジア圏に対する風当たりが未だにきびしいので、日本で在日外国人が首相に選ばれるなど、とても想像できません。

ところがあの時、人種差別が激しいアメリカで、白人以外の方が大統領に選ばれた。そして今回は白人だけれども、上品から程遠い演説をした方が大統領。

ものすごい落差がありながら、それでも世界一の国として存在するのはどうしてだろう、と疑問に思います。

選挙をする理由って、結局、ナニ？

それでは日本もアメリカのように、国のトップを国民が直接選べるような選挙制度になれば、日本は今より良い方向へ進むのでしょうか？

一時期、このような話題になったのを覚えていますが、仮にそうだとしても、アメリカのような選挙制度に変わるのを待つのは、どう考えても現実的ではありません。

今の選挙の仕組みを変えなくとも、違いを見つけることができないでしょうか。

その違いの中で日本とアメリカを比較した時、アメリカは不思議なくらい政党が入れ替わっています。

一九八九年から大統領をしていた父ブッシュさんは共和党です。僕には戦争仕掛け人のイメージしかありません。

その次の一九九三年からのクリントン大統領は民主党です。浮気問題で失脚したイメージです。

次の二〇〇一年からはブッシュ息子さんの時は共和党で、父親より戦争を好んだイメージがありました。

ブッシュ息子さんの任期が終わる時、あるラジオ番組で「やっと悪魔が去った」という言葉が、今でも頭に残っています。

二〇〇九年に選ばれたオバマさんは民主党で、今回のトランプさんは共和党です。大統領だけを見ると、オバマさん以外はとても優秀な国の印象はありませんが、別の角度から見ると、偶然とは思えないほど政党がきれいに入れ替わっています。

国を動かす政党が入れ替わる

これが「選挙に行って投票する大きな目的」じゃないか、と感じてしまいます。

日本は一九五五年から二〇一九年までの六四年間を見ると、そのうちの五七年間という長い期間を、ずっと、ずっと、ずーっと同じ政党が国を仕切っています。

同じ期間に起きたアメリカ合衆国での政党の入れ替わりを調べると、一九五五年頃からの歴代政権で同じ政党が続いたのは一二年間が最も長い期間になります。

こうしてアメリカと比較すると、日本でたった一つの政党が動かしていた五七年間という期間は民主主義国家と言っている国としては異常で、日本という国は不気味で異様な環境にあることがわかります。

「同じ政党がずっと国を仕切っている」

この点でも日本は中国と似ていることに気づきます。

このように比べてみると、国民の意思とは関係なく密室で国のトップが決められていることと、同じ政党がずっと国を動かしていることの二つの点で、中国と日本はとても似ています。

日本人って、ホントはスゴイでしょ？

選挙があるおかげで日本人は政党を選ぶことができます。

選ぶ権利とは自由意思です。

これこそ中国が絶対にマネのできない優れた制度で、このテーマで「日本人ってスゴイでしょ」という自画自賛番組をしても良いくらいだと思うのです。

本来なら日本は、この選挙制度によって自由意思を持った国として恵まれているにも関わらず、現状はその恵まれた環境を活かさないで、自由意思を持たない国を自分達で作っている、という見方もできます。

「自分で自分の首を絞める」という言葉がありますが、日本人は同じ政党しか選ばないことで、自分の首を絞めているのに気づいていないのかもしれません。

他国に対して自由な選挙ができず一つの同じ政党だけで国を仕切っているのは「危険と

か「脅威」という目線で見ていますが、自分達の国に対しては冷静な判断をしていないのではないでしょうか。

ちなみに「自分で自分の首を絞める」という言葉を検索すると「墓穴を掘る、自爆、自業自得、自殺行為」という意味の言葉が出てきました。

不思議と今の日本に当てはまるような気がするのは、気のせいでしょうか。

コテンパンにやられた日本がトップレベルになった理由？

一つの同じ政党だけで国を仕切るのが、どうしていけないのでしょうか？

時々、一つの政党がずっと動かしていたからこそ、戦後の日本が世界トップレベルの大国にまでなれた、というのを聞くことがあります。

戦争によって全てを失ったような日本が世界トップレベルになったのは、時代に恵まれていたのかもしれません。

もしかしたらアメリカの傘の下で動かされていたので、良かったのかもしれません。もし中国や旧ソ連の下で動かされていたら、全く違った世界になっていた可能性があったかもしれないことを考えると、政党よりもアメリカの影響があったと考えられます。

ただ単純に、日本人が勤勉だからここまで来たのかもしれません。日本人はとても勤勉で働き者だと、外国人から直接聞いたこともあります。

僕が思うのは「一つの政党だったから日本が世界のトップレベルになった」などというのは釘を叩いている職業が考えることじゃなく、その道の評論家達が考えれば良いことだと思います。

目の前の借金を見ずに「あの時の政策が良かった」という話をされても、ただの酔っ払い親父が、大声で昔の自慢話をしているようにしか聞こえません。

そんなことより、問題なのは一つの政党がずっと日本を動かしていた結果、どんぶり勘定で国が動かされ、借金だらけであることです。

今の状況を冷静に見て、ほとんど一つの政党だけで国を動かしていたのは失敗であると気づかなくてはいけません。

この大切な点から目を逸らしていると、取り返しがつかない気がするのです。

独裁に気づかないと、どうなる？

会社であれ国であれ、特定の人達が長い期間、自由にお金を動かせるような地位に居続けるのは良くないことなのだ、ということに気づくのがとても大切だと思います。

中国をテレビ報道などで見ていると、国を仕切っている共産党の機嫌次第で、国民をコントロールしている雰囲気があります。

国民をコントロールするには情報をコントロールするのが手っ取り早いのだ、というのが、第二次大戦前の日本の歴史を見ていてもわかりますが、現在の中国も昔の日本と同じように、報道やインターネットを規制しているというニュースを、時々聞きます。

つまり同じ政党が国を支配すると、マスコミさえコントロールして自分達の都合の良いように情報操作しよう、という動きが出てくるのがわかります。

日本人って中国のような国を目指しているのだろうか、と質問した場合、ほとんどの人が「違う」と答えるだろうと予想できるのは、中国を「脅威」という否定的な言葉で表現していることではっきりとわかります。

中国を否定しているけれど、中国のような国をつくっている時点で「建て前はとても嫌がっているようだけど、本音はアメリカではなく、中国のような国になりたくて仕方がないんじゃないの？」と思ってしまい、大きな矛盾を感じてしまいます。

政権が変わると？

それでは政権が変わるってどのようになるのでしょうか？

大工に交通費という手当は給料とは別に支給されないので、自家用車で家から現場まで通う場合の交通費は全て自腹になり、たとえ現場が遠くて渋滞で疲れても、生活費を節約するために有料である高速道路を使うことは、ほとんどありません。

このような節約生活が当たり前の僕にとって、二〇〇九年に自民党から民主党へ政権が変わった時に、高速道路が無料になったのは、かなり衝撃的な出来事でした。

さらに驚いたのは、ガソリン税がなくなったことで、一夜にしてガソリン代が半額近くのモノスゴイ安い価格になったことです。

キャンペーンで安売りしているスタンドだけが混むのを見る時はありますが、砂糖に群がる蟻《あり》のように、周り全てのガソリンスタンドが混み、車が道まで溢れてあちらこちら渋滞したのを見たのは、生まれて初めてでした。

あの当時を経験すると、**政権が変わるというのは国が大きく変わるのだ**、と本当に実感しました。

とても不安定な「安定」？

選挙の演説で「安定政権」という言葉をよく聞きます。

その演説では、毎回、同じ政党に日本を任せましょう、という意味合いで叫んでいます。

そして、希望通りに毎回、同じような政党に日本を任せた結果「家計の抜本的な見直しをしなければ、子供に莫大な借金を残し、いつかは破産してしまうほどの危険な状況です」ということになっています。

ただ、ただ、安定という言葉に惑わされ、年々、不安定になっていることに気づいていない雰囲気があります。

選挙をする、本当の理由とは？

誰だって日本の未来をきちんと考えている賢《かしこ》い人が政治家になって欲しい、と思うはずです。

でも現実に目を向けると、そんな人なんかいない、というのも、多くの人が知っています。

つまり選挙をする理由とは「政治家を選ぶ」というより「定期的に国を動かす政党を変える」ということが目的で、そこに大きな意味があるような気がします。

「政権を変える」というのは「バラ色の未来がやってくる」という意味じゃなく、ただ単純に大きなチカラを分散させる。

偏《かたよ》ったチカラで日本が間違った方向にいかないようにする。

それが民主主義国家として選挙をする大きな意味じゃないだろうか、と感じます。

政権を変えることによって、政治家の権力を独占させない。

それ以上でも、それ以下でもないような気がして、**選挙をする意味の答えは、思った以上に難しくもなければ、深い理由もいらない**ような気がします。

一つの政党が国をずっと動かしていると、その政党だけでなく特定の団体だけが儲かるようになっていき、チカラをつけた団体によって、国民が知らず知らずの内に大変なことに巻き込まれていくのを避けることができなくなるような気がします。

それが借金であり、情報操作であり、戦争ではないでしょうか。

そして政権が長くなればなるほど、その傾向がとても強くなっている証拠が、少しずつ、少しずつ、目の前に出てきています。

変化は誰でも怖いけれども、いつかは気づかないといけない。

今までずっと政治家が国民を選んでいました。

僕は、選挙を通して政治家が国民をコントロールする時代から、**国民が政治家をコントロールする時代に変えるべき**だと思います。

日本を、テレビのチカラを借りずに、本気で自慢できる国にするために。

6
あとがき

epilogue

あとがき

前置きしますが、少し長い「あとがき」を。

子供の頃、僕にとって馴染みがあった評論家というのは「サヨナラ、サヨナラ、サヨナラ」でおなじみの淀川さんのような映画評論家でした。

学校を卒業し、働くようになって番組を見る幅が広がると、政治評論家や経済評論家を知るようになりました。

テレビを見ていると、世の中には色んな評論家がいるものだ、と感じます。

どこかで戦争が起きれば軍事評論家、コーヒーを飲んでいるとコーヒー評論家、トイレに入ればトイレ評論家、靴を履いて出かければ靴評論家、ドアを開けて出るとドア評論家、階段を下りれば階段評論家、道を歩けば道路評論家、信号機で止まると信号評論家、会社につけば会社評論家、暑くてアイスを食べればアイス評論家、コンビニに新しいお菓子が出ればスイーツ評論家、お腹が空いたら弁当評論家、残業すれば残業評論家、友人に誘われて居酒屋に行けば居酒屋評論家、焼き鳥を食べると焼き鳥評論家、メニューを見て何を注文したら良いか悩んでいるとメニュー評論家、愚痴を言えば愚痴評論家、会計の時に寝たふりをすれば寝たふり評論家、飲んで家に帰れば帰宅評論家、遅く帰って妻の機嫌が悪いと妻評論家、謝ると言い訳評論家、やっと眠ると睡眠評論家、と、いくつか途中で勝手に付けましたが、この名称が大袈裟とは思えないほど世の中は評論家だらけです。

中には笑ってしまうような名称の評論家や、この評論家の仕事で本当に食べているのかな、と、逆にこちらが心配してしまうような評論家もいます。

この場合は「評論家を心配する評論家」と名付けるべきでしょうか。

テレビ番組で専門家と称する方の内容を冷静に聞いていると、まるで官房長官の答弁のように、他人事のようなノラリクラリとしていて当たり障りのない意見が多い。

「最近の調査では」あるいは「最近の研究では」という前置きで専門用語を並べ、時間をかけて説明した割には、答えがないのに気づきます。

まるで飲み屋での会話のように、どこかで聞いたような解決策のない説明だけを延々と繰り返し、その日暮らしの平和な毎日を過ごしているようにもみえます。

＊＊＊＊＊＊＊

一時期、選挙へ行かない人には罰金した方がいい、と、ある政治家が言ってましたが、自身の襟を正すより国民に責任を押し付けて罰金まで考えてしまうなんて、国民を家来か召使いのような見方をしている時点で、政治家はチカラを手にした気持ちになっているのが伝わります。

そのチカラというのは傲慢になりやすい「異常な権力」です。

政治家はその権力を「選挙」を通して手にしています。

それまでごく普通の生活をしていた人が選挙で国会議員になった途端、目立つような発言からテレビに面白おかしく取り上げられ、地元でさえ知られていなかったような存在から、国のほとんどに名前が知れ渡るような政治家が出てきたと思えば、不適切な発言や暴言をした為に落選し、今まで大きな声を張り上げて偉そうにしていたのが、まるで最初からいなかったかのように、消えて存在感がなくなる人も見かけます。

人を傲慢にさせるチカラを与える事が出来る「選挙」って何だろう？
ただ高校を卒業し、ただ税金を払うためだけに世の中で働いていたことがあっても、選挙についてじっくりと考えた事がありませんでした。

＊＊＊＊＊＊＊

大工なりたての頃は、金槌《かなづち》で何度も誤って指を打ち、爪の形がいびつになっていたのが、数年経つと機械のように身体が勝手に釘を打てるくらい仕事を覚え、運動神経が悪く、ひ弱だった身体に筋肉が付き始め、体格も職人らしくなり、ある女性と出会い、結婚し、子供が産まれました。

家族が出来るようになると毎日が楽しいはずなのに日々の暮らしは大変で、働いているのにお金の事でイライラして生活していました。

職人の給料は公務員のように高くはないけれど、決して安い訳でもなく、クーラーが効いていない炎天下で汗水垂らしながら働いていているのに、どうして暮らしは良くならないのだろう、と、仕事に集中出来なくなる事が増えました。

どんなカタチであれ一生懸命働いているって、素晴らしいはずです。

炎天下で働いているのは確かに大変だけど、建物を作るって決して恥ずかしい事じゃなく、自慢できる事だと思います。

コンビニへ行くと棚を整理していた作業を止めて、レジへ並んでいるお客さんを待たせないように「いらっしゃいませ」と対応するって良い事だと思います。

スーパーも、タクシーも、バスも、新聞配達も、鉄筋屋さんも鳶さんも、大事な仕事だと思います。

それぞれ一生懸命働いているのに、生活に余裕がない。

ものすごい贅沢をしているのでもなく、ものすごい贅沢をしたい訳でもないのに、ナゼか知らないけれど、いつの間にかお金が無くなっている。


アメリカ人の友人が言います。

「日本人って出勤時間のかなり前から会社に着くのが当たり前で、仕事内容はアメリカ人に比べて、かなり細かく、とても真面目だ。」

「労働しているのに『サービス残業』などと言う自虐的な言葉で、家族との時間を削ってでも無料で働き、上司や会社に意見や苦情さえ言わない。」

「アメリカ人は決められた時間に働き、働いた分だけ給料を得るのが当たり前で、出勤時間に出勤し、帰宅時間に帰り、家族との時間だけでなく、自分の時間を大切にするのは常識だ。」

「どうして日本人は決められた労働時間以上に働き、しかも、自分や家族との時間を犠牲にしてまで無料で働くのかとても理解できない」

＊＊＊＊＊＊＊

昔から好きだったアメリカドラマの内容は「良い人は良い」「悪い人は悪い」というように、善と悪がはっきりと分かれていて、仮面ライダーやウルトラマンシリーズを見るように、とても判りやすい内容が普通でした。

けれども最近のドラマを見ていて感じるのは「悪党だと思っている人は最初から悪い人じゃなく、その人にもそれなりの人生があった。だから、悪の道に走ってしまったのだ」という内容が多くなっているような感じがします。

今まで善人の代表だと思っていた人が人を殺したり、人を平気で殺す悪党が他人を助けたり、と、善と悪の区別がつかなくなっています。

番組の内容として、ヒーローが悪い奴をやっつける、というのは見ていても単純で、スカッとして気持ちが良いものです。

良いものは良く、悪いものは悪い、という感覚は大事だけれど、それを現実の人に当てはめて「あの人は悪いから、全てが悪い」と決めつけるのは危ないのかもしれない、と、歳をとりながら色んな経験をしていくと思ってしまいます。

失敗したから「もう、あの人には任せられない」というレッテルを冷静な判断無しに感情的に貼ってしまい、外部の人達を締め出す。

一方で外部の人は失敗すると心の底から許せないけれど、身内の失敗はまるで最初から何事も無かったかのようにやり過ごし、卑劣な事をしても見てみないふりをするか、あきらかに犯罪と思えるような事さえも、必死に隠そうとしているのを手助けさえするような雰囲気になってしまっています。

問題を起こした当の本人は「不徳の致すところ」と言い、当事者でありながら他人ごとのように説明している。

まったく悪びれていないのが、涼しい顔の表情から伝わってきます。

ちなみに「不徳の致すところ」の意味をネットで調べると「自分の品性や道徳心の欠如が原因で引き起こしてしまったこと」とありました。

一体、この発言をした何人の政治家が、この意味を判って使っていたでしょうか？

＊＊＊＊＊＊＊

小学校から高校に通っている間に、日本は戦争に負け、軍国主義から民主主義国家と変わったことを教わりました。

民主主義の意味を調べてみると「人民が主権を持ち、自らの手で、自らのために政治を行う立場。人民が自らの自由と平等を保障する行き方」とありました。

その民主主義の先輩であるアメリカを見ていると、選挙で選ばれた人が、色んな理屈をつけては戦争を起こしています。

世界に大きな影響を与えているアメリカをみても、適正な人を選ぶ、というのは、ムリがあるのがわかります。

つまり、ほとんどいない人格者の中から国民を大切にする人を選ぶなんて、幻想を見ているのと同じなのだ、と、外国人という立場の目線で見ると、感じてしまいます。

＊＊＊＊＊＊＊＊

民衆の不満が広がりそうになると、共通の敵を作って仲間意識を誘い、本来であれば政策とは全く関係のない人を犠牲にして民衆のはけ口とする、というのを韓国や中国の報道を見ると感じます。

自国民の目を政権から逸らすために日本を叩く、という、あのパターンです。

韓国では日本製の不買運動だけで収まっているようですが、中国は街中で日本ブランドを掲げたお店を襲撃するなど、暴動まで発展している報道をテレビで観ます。

もちろん日本で中国ブランド店の窓ガラスを割り、品物を盗むような事をすれば、個人だけでなく集団であっても警察が動き、逮捕されます。

ところが中国では、誰もあの暴動を止めたり、止めようとする気配さえありません。

たとえば天安門事件だと運動を起こした学生に対して、軍隊が戦車を出して手ぶらの学生を威嚇している映像が流れ、香港では民主化運動をしている市民に対して警察が強制排除し、逮捕し、小学生の女の子さえ間違えて逮捕するような異常な事態があるのに、日本ブランドを掲げた店を襲撃されても何をせず、ただ、見て見ぬふりをしているのが、現地にいなくても感じます。

理不尽な要求ばかりするような印象が多い韓国では、選挙に勝った大統領が負けた大統領を逮捕する、という報道を聞くことがあります。

その様子から、かなり激しい選挙のあとに選ばれたのだ、というのが伝わります。

中国は共産党なので激しい選挙での戦いを比べる事は出来ないけれど、現在の書記長は、かなり苦労して今の地位を手に入れた、という特集をみたことがあります。

日本の政治家は国内では国民に対して強気だけど、国外では借りてきた猫のようにおとなしくなり、国外の政治家などに批判されると「遺憾だ」なんて、日常会話で決して使わない、あやふやな言葉でしか言い返せないか、相手の機嫌を取るために、お金をやたらと配っているような印象しかありません。

第二次大戦前の日本より国家権力の強いイメージがある中国でさえ、自国民の機嫌を取るために、ガス抜きのように日本たたきを平気で行う。

日本では「見せかけの競争」のような選挙をし「どうせ選ばれるのは俺たちだ」という筋書きがいつも決まっているために、国民から選ばれた実感が全くなく「国民のために何をすべきか」なんて発想が見えてこない。

海上で軍事基地を平気で造り、まるで土足で自分の家に入ってくるような勢いが当たり前の外国人に対して、どう対処していいのか分からない。

わかりやすく言うと、国内で競争する必要がないから論戦に慣れておらず、激しい戦いから勝ち抜いた国外の政治家に対して、しどろもどろの発言しか出来ない。

そして機嫌を取るために外国人へ渡した大金は、自分達の国が借金をかかえているから助けよう、と国民が一生懸命働いて集めた税金だ、という意識がスッポリと抜けているようにしか感じられない。

国民の先頭に立って発言の機会を得た政治家が、無関係を装って黙って見ている事に、歯がゆさしか感じない。


一方の野党は、野党であることに慣れきって感じがして、野党も「国会議員」としてものすごくたくさんの給料を手にしている、という意識が見えてこない。

ある政党は「万年野党で十分」と思えるような発言さえしている。


時々「野党は対案を出さない」という意見があるけれど「対案」という「良い案」を出すのは与党の仕事であり、国を取り仕切っていながら「対案」さえ出せないような与党は、そもそも与党になる資格はない。

つまり、野党というのは与党の粗探しをするのが仕事だと思う。

粗探しをして、弱点をつつき、時には、相手の意表を取る。

そこから白熱した議論が生まれる。

ところが与党と同じように野党は「おぼっちゃま、おじょうさま」のような、まるで苦労知らずの平和な家庭育ちの意見しか言えないから「野党から何を言われても平気さ」という余裕のある顔を、与党はいつもしている。

唯一の対戦相手である野党の発言が弱いから、国の代表である与党が海外に出たときに、外国の政治家から挑発的な言葉で言われても、気の利いたセリフを何も言い返せないで、ただ黙って退席するか、外国人の機嫌を取るためにお金を配って帰国する。

しっかりと意見を言う事に、お互いが慣れていない。

国会議員である限り、野党であれ、与党になる可能性は十分ある。

こう考えると、政権を握った時にやるのは、マスコミを呼んで目立つためにパフォーマンスをすることじゃなく、政権を握った時の事を勉強すべきなのだ。

他人の稼いだ金を集めて、決まった人たちだけが帳簿を握ると、必ず怪しくなる。

複雑にして誤魔化している、と思われる帳簿をひとつにするだけでもいい。

政権が終わった後に、タレント活動するつもりなら目立つ事はいいかもしれないけれど、まるで、宝くじの一等に当たって仲間集めて大喜びではしゃいでる人を見ているようで、みっともない。

あまりにも野党で慣れきっているために、表舞台に出て、いきなり大見得切ってしまったために、未だにバカにされる材料になっているのは、あまり良い状態とは言えないのだ。

＊＊＊＊＊＊＊

「国税庁　税の学習コーナー」で検索し、小学生向けの入門編「税って何だろう」には「みんなのために役立つ活動」や「助け合いのための活動に使われています」と説明があり、
中学生向けの発展編を見ると、税の意義と役割で「私たちが健康で文化的な生活を送るた

め・・・その費用をみんなで出し合っているのが税金」と説明があります。

小学生向けの説明でも中学生向けの説明のどちらにも「税金はみんなのため、みんなで社会を支えるための会費」とはっきり書かれていて「一部の人が都合の良いようにたくさん使うため」という内容はありません。

一部の人が退職金をたくさん貰うためとか、給料をたくさん得るためとは書かれていない。

今までムダに使ってきた税金を、政治家や公務員や関係団体全員で減給してでも返せ、と言うわけではない。

国税庁が説明している通りにして欲しい。

ただ、それだけなのだ。

ところが現実は、世界一、借金を抱えている日本を作ってしまった。

二言目には「借金を返すために税金を上げましょうね」あるいは「福祉のため」と理由をあげ、一番大切にすべき身近な自国民の責任に押し付けてばかりで、反省しよう、という気が全く感じられない。

ムダな出費を重ねてきた反省さえ感じられない中で、暗い未来しかやってこない事がすでにわかっている。

今の子供達も、今から生まれてくる子供たちも、未来は暗い。

間違いなくじわじわと虐待を受けている。

これじゃあ、仕事をしないニートや引きこもりが増えても、全く不思議じゃないことに、政治家の誰も気づいていないようだ。

それでもわかる。

借金を平気で重ねる人達を選んだためにこのような国になった。

今まで国を動かしていた政党を責めるよりも、その政党を選んできた人達を責めるよりも、選ぶことの大切さと、選ぶことの責任感を考える。

もう少しだけ賢く生きる。
少しでも豊かになるために。

将来の子供たちに借金を残さないように働いて税金をたくさん払うよりも、まず、自分達が豊かな暮らしをする。

自分達が豊かな暮らしが出来なければ、子供たちが豊かな暮らしをするのは難しいという事を知る。

これは、何も考えずに学校を卒業し、ただ税金を払うためだけに仕事をしているんじゃないか、と思ったことさえあり、何も考えずに選挙へ行かず、深く考えずに選挙へ行っていた自分自身に向けて書いた本です。

大工がみたニッポン

日本に選挙は、もういらない？？

中国人になりたがる日本人

著 者　神山　均

発行日　2021年4月20日
発行者　高橋　範夫
発行所　青山ライフ出版株式会社
〒108-0014
東京都港区芝5-13-11　第2二葉ビル401
TEL：03-6683-8252　FAX：03-6683-8270
http://aoyamalife.co.jp
nfo@aoyamalife.co.jp

発売元　株式会社星雲社（共同出版社・流通責任出版社）
〒112-0005 東京都文京区水道1-3-30
TEL：03-3868-3275
FAX：03-3868-6588

装幀　溝上　なおこ

ISBN 978-4-434-28632-2
